HOLGER SCHEERER

DIE ÜBERLEBENDEN

© Holger Scheerer 2004/2005/2013

Herstellung und Verlag:

Books on Demand GmbH, Norderstedt

ISBN 978-3-732-29457-2

DIE ÜBERLEBENDEN

DIE ÜBERLEBENDEN

Die Überlebenden sind nach einem Selbstmordversuch in einer psychiatrischen Klinik gelandet. In einem Zimmer sitzen sie in einer Runde zusammen und sprechen nach einer vorher festgelegten Reihenfolge im Uhrzeigersinn. Zur Gesprächstherapie gehört der Grundsatz, dass auf das Gesagte der anderen nicht eingegangen werden darf, weder kommentierend noch gar wertend.

Personen:
Georg
Ina
Horst
Stefan
Andrea
Eine schweigende Aufsichtsperson

GEORG. Wenn du dich einmal dazu entschlossen hast, kommt eine große Freiheit über dich. Die Dinge, die stets verworren waren, werden plötzlich klar und offensichtlich. Wenn du dich vorher über alles Mögliche aufgeregt hast, kommst du jetzt völlig zur Ruhe. Du ordnest deine Dinge mit der größtmöglichen Kaltheit. Die Spirale der Gedanken ist abgeschnitten. Es setzt eine Mechanik ein. Instinktiv tust du das Richtige. Du ziehst von Apotheke zu Apotheke und kaufst dir jedes Mal eine Packung Schlaftabletten. Und unterwegs triffst du einen alten Schulkameraden. Und du gehst mit ihm einen Kaffee trinken, deinen letzten Kaffee trinken. Und es macht dir nichts aus, mit ihm über das schöne Wetter zu reden.

INA. Ich lebte eigentlich ganz gern, ich sah nur keinen Sinn darin. Von Kindheit an plagten mich Angstzustände. Ich lag einmal in meinem Zimmer, ich war vier Jahre alt. Ich träumte von dunklen, schemenhaften Gestalten, die kamen, um mich zu holen. Ich war so erschrocken, dass ich aufwachte. Doch die Gestalten waren nicht verschwunden. Sie standen am Fenster und bewegten sich. Ich schrie so laut ich konnte. Doch niemand hörte mich. Ich hatte

Todesangst. Angst, Angst, Angst, ich wollte sterben, weil ich keine Angst mehr haben wollte. Vor ein paar Jahren fiel mir auf, dass vor unserem früheren Haus eine Laterne stand. Und dahinter ein großer alter Baum. Und dass die schwarzen Gestalten, die ich gesehen hatte, nur die Schatten waren von dem Baum.

HORST. Ich bin immer den Weg des geringst möglichen Widerstands gegangen. Im Kindergarten gab es Kinder, die sich prügelten und ihre Revierkämpfe ausfochten. Hört sich jetzt schlimm an, waren aber meistens ganz normale Rangeleien. Ich hab mich rausgehalten, indem ich den stärksten Jungen mit Kaugummi versorgte. Er war ein Stotterer, und deshalb wollten die anderen nichts mit ihm zu tun haben. Aber er war der Stärkste, und ich habe mir seine Freundschaft erkauft. Ich lebte in seinem Schatten, und die anderen taten mir nichts. Ich hatte nie viele Freunde.

STEFAN. In meinem Leben gab es einige Tote. Irgendwann, wie soll ich sagen, wollte ich dazu gehören. Ich habe ein Bild in meinem Kopf. Da ist am Anfang ein breiter Weg, auf dem ein Kind herumtobt und spielt. Aber an diesem Weg liegt schon die erste Leiche, eine tote Mutter. Es kommt eine große Mauer. Irgendwann, als junger Erwachsener, glaubte ich, die Sache verdaut zu haben. Es gelang mir, über die Mauer zu steigen und meinen Weg weiter zu verfolgen. Aber bald schon fand sich am Wegrand Leiche Nummer zwei, meine Tante, die mich nach dem Tod meiner Mutter aufgenommen hatte. Schließlich gab sich mein bester Freund die Kugel. Dann war ich allein. Und der Weg, der wurde immer enger und enger. Und das Atmen fiel mir immer schwerer. Und hätte ich es nicht versucht, ich glaub ich wär erstickt.

ANDREA. Was das Ganze für einen Sinn macht, habe ich nie durchschaut. Aber entweder hat alles einen Sinn oder es hat eben nichts einen Sinn. Und wenn nichts einen Sinn hat, macht es doch auch keinen Sinn sich umzubringen. Ich hab es dennoch versucht. Vielleicht um dieser Zwickmühle zu entkommen. Warum es nicht klappte, wieder so eine sinnlose Frage. Einmal glaubte ich gerettet zu sein. Ich heftete mich an einen Mann, genauer gesagt an zwei. Um es kurz zu machen, ich rede nicht gerne darüber, als sie weg waren, da war ich am Ende. Ich vegetierte dann aber noch vier ganze Jahre dahin. Bis ich mich endlich dazu aufraffte, eine Entscheidung zu treffen.

GEORG. Am Anfang war alles in Butter. Verliebt und ziemlich schnell verheiratet. Mein lieber Mann, sie war eine Beamtentochter. Und ihre Eltern haben einen riesen Aufstand gemacht. Ich habe ursprünglich ja Schriftsetzer gelernt. Einen Beruf, den es nicht mehr gibt. Nur die Legende ist übrig geblieben, dass die Schriftsetzer saufen wie die Löcher. Das war auch so. Ich hab das Zeug aber nie gescheit vertragen. Am nächsten Morgen hatte ich so ne Birne und mir war speiübel. Einen Schriftsetzer jedenfalls wollten die in ihrer Oberstudienratsfamilie nicht haben. Da bin ich übergesiedelt in die Anzeigenabteilung der Zeitung. Aber das hat auch nicht gezogen. Schließlich habe ich mich vorübergehend als Redakteur ausgegeben. Das ging dann.

INA. Ich war noch in der Schule als ich zum ersten Mal in der Psychiatrie landete. Die Angstzustände waren irgendwann so unerträglich geworden, dass ich mich – anders als jetzt – freiwillig eingeliefert habe. In der Schule musste ich immer öfter wegen der Angstzustände nach Hause flüchten. Ich gab immer irgendeine Magengeschichte vor. So gelogen war das gar nicht. Denn mir war oft schlecht. Zu Hause ging's dann. Aber ich hab mich irgendwann nicht mehr rausgetraut, bin auch nicht mehr mit Freundinnen weggegangen. Die machten jedes Wochenende Party. Ich war eigentlich ganz froh, da mal auszusetzen. Aber die Angstzustände wurden halt immer schlimmer.

HORST. Einen Beruf habe ich nicht gelernt. Meine Eltern sagten: "Auf dem Bau gibt's immer Arbeit, Handwerker werden immer gebraucht". Dann bin ich eben auf den Bau gegangen. Ich war als Gehilfe mit allen möglichen Leuten unterwegs. Maler, Maurer, lange Jahre habe ich dann als Gerüstbauer geschafft. Aber dann bin ich eines schönen Tages unglücklich gestürzt und habe mir die Kniescheibe gebrochen, ein sehr ungünstiger Bruch. In meiner Freizeit habe ich schon immer viel gelesen, vor allem Krimis, so die bekannten von Wallace, Christie, Hitchcock und so. Schließlich haben die bei uns in der Dorfbücherei jemand gesucht. Da bin ich dann hängen geblieben, als

Bibliotheksgehilfe, Bücher sortieren und einräumen, ein ruhiger Posten. Seit drei Jahren bin ich in Rente. Ich kriege nicht viel Geld, aber ich komme damit aus.

STEFAN. Bei mir in der Familie hat es immer geheißen: "Die Fabrik ist eine sichere Sache." Ich habe eine ordentliche Lehre absolviert. Ich bin Dreher geworden. Der Betrieb ist nicht so groß. Und jeder muss eigentlich alles können, alles machen. Ich arbeite eigentlich als Schlosser. Das heißt, wenn Maschinen ausfallen oder nicht mehr vernünftig laufen, bin ich dran. Öfters musste ich in ganz Deutschland rumfahren und nach unseren Maschinen sehen. Ich bin viel rumgekommen. Diese Fabrik ist tatsächlich eine sichere Sache, eine todsichere Sache.

ANDREA. Im Kindergarten war ich zusammen mit meinem Bruder. Der ist ein Jahr älter als ich. Als ich sechs war, haben die so einen Intelligenztest oder was das war mit mir gemacht. Da ist dann rausgekommen, dass ich noch nicht schulreif bin. Da kam mein Bruder schon in die zweite Klasse. Das hat mich aufgeregt, weil in der Familie alle für meinen Bruder waren und so ein bisschen gegen mich. Nach der Grundschule haben sie dann wieder so einen Test mit mir gemacht, da ist dann rausgekommen, dass ich zu blöd fürs Gymnasium bin. Alle meine Freundinnen kamen auf Anhieb aufs Gymnasium. Ich wollte unbedingt auch da hin. Also habe ich eine Aufnahmeprüfung gemacht. Die hab ich dann als Zweitbeste bestanden.

GEORG. Bei mir lief immer alles wie im Film ab. Ich tickte wie ein Uhrwerk. Ich weiß nicht, wie ich das beschreiben soll. Es war, als würde ich auf Schienen fahren. Schule, Lehre, Arbeit, Familie, Kind, Haus. Das volle Programm. Irgendwann bin ich dann mal im Wohnzimmer vor der offenen Terrassentür gestanden. Der Vorhang bewegte sich im Wind. Da kam mir ein Gedanke, den ich nie zuvor gehabt hatte. Ich dachte, mein Gott, ist es das wirklich? Das kann doch nicht alles sein. Jeden Tag diese Menschenmühle und für was? Ich war bis dahin fast christlich gesinnt gewesen, war sonntags oft mit der Familie in der Kirche. Aber da dachte ich, was ist das alles wert, wenn es keinen Gott gibt? Ich hab das dann verdrängt. Das hat funktioniert, zumindest so lange wie das Kind im Haus war. Da hab ich mich immer zusammennehmen können, wegen dem Kind. Aber der Gedanke war in mir, und ich wurde ihn nicht mehr los.

INA. Mit vierzehn hatte ich meinen ersten Rausch. Das war zunächst mal eine ganz normale Geschichte. Ein paar Konfirmanden klauten aus dem Keller der Pfarrei ein kleines Fass Bier. Das wurde dann bei jemand auf dem Dachboden gebunkert. Dann wurde ausgemacht: Am ersten Osterferientag wird das Ding geleert. Also der Typ hatte sturmfreie Bude, wir holten das Fass vom Dachboden, räumten im Hobbykeller die Tischtennisplatte aus dem Weg, setzten uns hin und machten das Fass auf. Zuerst kam nur Schaum. Dann wurde es interessant. Nach ein paar Gläsern waren wir alle stinkebreit. Die meisten mussten kotzen. Ich habe zusätzlich noch auf den Boden geschissen, weil ich es nicht mehr zur Toilette schaffte. In dieser Nacht schwor ich mir: "Nie wieder". Gehalten hat der Vorsatz nicht sehr lang.

HORST. Bei mir war der Gedanke an die Sinnlosigkeit schon lange da. Deshalb bin ich nie zu einer Familie gekommen, Gott sei Dank, wie ich heute weiß. Frauen hatte ich selten. Die hat immer meine negative Einstellung verschreckt. Auch dass ich beruflich nie weiterkommen wollte. Mir hat das gelangt. Das mit den Frauen habe ich schließlich aufgegeben. Ich war immer irgendwie froh, sie losgeworden zu sein. Da konnte ich mich dann ungestört verkriechen. Ich habe lange nicht bemerkt, fast mein ganzes Leben lang, dass da etwas mit mir nicht stimmte. Das Ganze ist erst dann zusammengebrochen, als ich die Arbeit nicht mehr hatte. Da hat mir die Ablenkung gefehlt. Dann kamen die richtig üblen Gedanken.

STEFAN. Ich war schon ganz früh angeschlagen. Mit vier starb meine Mutter, zum Teufel, ich weiß nicht mal wer mein Vater ist. Das wusste nur meine Mutter und die hat es nie jemandem gesagt. Vielleicht hätte sie mir es später mal verraten, aber das hat sich wohl erledigt. Und dann kam ich zu meiner Tante, die schwieg wie ein Grab. Und als ich dreizehn war, da starb die auch noch. Gut, mein Onkel war dann noch da, der von gar nichts wusste und auch von nichts etwas wissen wollte. Mit dem hab ich mich nie verstanden. Der war so ein kühler Typ, der hat immer so getan, als könnte ihn gar nichts foppen. Ich habe ihn nicht ein Mal weinen sehen. Auch nicht beim Tod meiner Tante. Und die ist jämmerlich verreckt. Das hat ewig gedauert. Ich hab's dann versucht, es wie mein Onkel zu machen und hab auch so getan, als ob es mich nichts anginge. Mit der Zeit hat das immer besser funktioniert. Irgendwann aber nicht mehr.

ANDREA. Meine Freude über die bestandene Aufnahmeprüfung am Gymnasium währte nicht lang. Meine Noten wurden immer schlechter. Von Anfang an war ich überfordert. Und der Traum vom Gymnasium wurde zunehmend zum Horrortrip. Ich landete schließlich auf der Realschule und wurde dann zur Hauptschule durchgereicht. Nach der neunten Klasse bin ich den Weg wieder umgekehrt gegangen. Je näher das Fach-Abi rückte, desto größer wurde der Druck. Ich fing an, gelegentlich Baldrian zu nehmen. Weil ich nie schlafen konnte, nahm ich dann jeden Abend Baldrian. Später kamen andere Sachen dazu, Schlafmittel für die Nacht, Beruhigungsmittel für den Tag, morgens eine Tablette mit Koffein.

GEORG. Es ist schlimm das halbe Leben lang an Selbstmord zu denken. Ohne die Kraft aufzubringen, es zu tun. Ich bin ein bisschen stolz darauf, dass ich es doch noch versucht habe. Leider haben sie mich ja noch rechtzeitig gefunden oder Gott sei Dank. Das Gefühl ändert sich bei mir von Stunde zu Stunde. Mit meiner Arbeit hatte ich nie Schwierigkeiten. Im Gegenteil, ich war einer der besten Anzeigenverkäufer überhaupt. Dennoch war ich nie glücklich. Irgendwann hat sich etwas in mir verändert. Ich begann, alles zu hassen. Meine Frau, aber auch meine Arbeit. Das war gleichzeitig da. Es ist schon interessant, wie man sein ganzes Leben lang es nicht schafft, etwas auf die Reihe zu kriegen. Ich meine, die eigentlichen Dinge, nach außen hin klappte ja alles wie am Fließband. Ich meine die innere Welt, diese leere innere Welt. Ich finde es ungerecht, dass sie mich gefunden haben. Bei all meinem Perfektionismus empfinde ich es als schnöde Ironie, dass ich noch am Leben bin. Vielleicht bin ich schon etwas daneben gewesen. Im Normalfall, bin ich mir sicher, hätte das geklappt.

INA. Mein Leben verdanke ich wahrscheinlich dem Suff,

der dafür sorgte, dass ich kotzen musste. Mit der Tablettenmenge bin ich eigentlich auf Nummer sicher gegangen. Ich bin zwei Wochen in der Klinik gelegen und mir ging es hundsmiserabel. Eine Freundin von mir ist mit 21 Jahren bei strahlendem Sonnenschein mit dem Motorrad verunglückt. Die wollte bestimmt nicht sterben. Ich habe mir oft gewünscht, dass ich mit ihr hätte tauschen können. Mann, sie konnte mit ihrem Leben richtig was anfangen.

HORST. Ich habe ziemlich früh angefangen, Bücher in mich hinein zu stopfen. Ich habe viel Schund gelesen, leichte Kost, wie man so sagt. Irgendwie wollte ich mich ablenken. Der Gedanke an das Ende und an die Schönheit des Endes war ja da. Aber wissen wollte ich davon nichts. Ich habe einfach weitergemacht. Als ich schließlich in der Bibliothek gelandet war, habe ich nicht mehr so viel gelesen. Ich bekam allmählich den großen Ekel, wenn ich die vielen Bücher nur sah. Ich hatte so eine Zwangsvorstellung: hinter jedem noch so schlechten Buch ein verpfuschtes Lebens, so verpfuscht wie meines.

STEFAN. Ich wollte nur die Leichen in meinem Keller

loswerden. Diese Endlichkeit dieser ganzen Scheiße und die völlige Sinnlosigkeit, mit der du dann im Alter in irgendeinem Loch dahinvegetierst… also jung sterben ist schon in Ordnung. Aber jetzt, wo das Sterben fehlgeschlagen ist, muss ich sagen, vielleicht war das ein Wink, dass man doch leben soll. Ich meine, es ist unglaublich: Ich bin immer Fiat gefahren. Und immer Gebrauchtwagen. Aus dem einen Grund, weil ich einen bestimmten Mercedes haben wollte. Und der kostete damals schon 100.000 Mark und heute noch mehr. Und eines schönen Tages habe ich mir das Schiff gekauft. Ich war vier Wochen lang glücklich. Dann war es ein Auto wie jedes andere. Und eines schönen Tages stand am Wegrand eine Eiche und die habe ich umgepflügt. Warum, weiß ich nicht. Es war eine spontane Sache. Ich hab mich dann mit dem Wagen was weiß ich wie oft überschlagen. Im Krankenhaus bin ich aufgewacht. Und die ganze Sache schoss mir plötzlich wie ein Pfeil ins Hirn: Hätte ich meinen Fiat noch gehabt, hätte ich jetzt ein Problem weniger. Ich musste lachen, besonders weil mir außer meinem Schädel gar nichts wehtat.

ANDREA. Es gibt wahrscheinlich Millionen anderer Menschen, die mehr Probleme haben als ich. Die bringen sich trotzdem nicht um. Also muss es doch an mir liegen. Ich glaube, viele Menschen können sich über ihr Privatleben hinwegtäuschen, weil im Job alles gut läuft, das ist dann die Ersatzbefriedung. Umgekehrt gibt es bestimmt viele Menschen, die ihren Job hassen wie die Pest. Sie entschädigen sich aber mit ihrer Freizeit, die sie genießen. So halten sie den Job durch. Bei mir war es immer so, dass weder in meinem Privatleben etwas hingehauen hat, noch im Studium. Ich habe neun Semester bis zur Zwischenprüfung gebraucht (normal sind vier, höchstens sechs). Ich sag lieber nicht, im wievielten Semester ich jetzt bin.

GEORG. Das mit der Liebe war schnell vorbei. Aber ich blieb an meiner Frau kleben wie die Fliege im Spinnennetz. Noch heute ist mir nicht klar, wie ich es mit ihr so lange ausgehalten habe. Ich habe immer zu allem Ja und Amen gesagt, was von ihrer Seite kam. Ich hatte gar kein Privatleben in dem Sinne. Ich hatte ein offizielles Berufsleben und ein offizielles Privatleben. Ich habe schon gewusst, dass mein Leben beschissen ist. Nur was ich hätte tun sollen, um es zu verbessern, das habe ich eben auch nie gewusst. Und so fuhr ich durch die Lande und versuchte die Leute davon zu überzeugen, wie wichtig es für sie ist, eine Annonce in der Zeitung aufzugeben. Mann, ich hätte selber eine schalten sollen: „Hallo Leben, wo bist du?"

INA. Das Leben war nicht immer schwer. Ich hatte eine schöne Kindheit. Jedenfalls behaupte ich das jetzt mal. Mich unterzuordnen, fiel mir schwer. Ich war immer das Problemkind. Ich habe mich oft geweigert, in den Kindergarten zu gehen. Im Sommer bin ich auf die Bäume im Garten meiner Großeltern geklettert, um nicht in den Kindergarten zu müssen. Im Winter habe ich mich unter der Ofenbank verkrochen. Meine Eltern waren beide berufstätig im eigenen Betrieb, deshalb war ich tagsüber bei der Oma. In der Schule hatte ich nie Probleme. Ich war immer vorne mit dabei. Weil ich nie was lernte oder Hausaufgaben machte und trotzdem gute Noten schrieb, wurde ich von den anderen gehasst. Mein Freundeskreis war außerhalb der Schule. So spielte ich unter der Woche die Streberin, und am Wochenende ließ ich mit meinen

Freunden die Sau raus. Meist endete das ganze in einem wüsten Saufgelage. Aber es hat Spaß gemacht.

HORST. Natürlich ist es scheiße, dass man sein ganzes Leben mit der Arbeit verbringt. Noch dazu, wenn sie einen ankotzt. Ich kann aber sagen, dass nichts mehr arbeiten genauso scheiße ist. Ich will nicht sagen, dass es mir Spaß gemacht hätte, den ganzen Tag in der Bibliothek herumzuhängen. Schlecht war die Arbeit, abgesehen vom Verdienst aber nicht. Ich sag mal so: Ich habe die Arbeit ausgehalten. Ich kam mit vielen Leuten in Kontakt. Alte Damen kamen regelmäßig zwei- bis dreimal in der Woche zum Ausleihen. Die hatten offensichtlich außer dem Lesen gar nichts mehr. Die habe ich oft bedauert. Als ich in Rente ging, war ich zunächst froh, die ganze Sache losgeworden zu sein. Es dauerte aber nicht lange, und ich war wieder jeden Tag in der Bibliothek. Aber als Kunde auf der anderen Seite des Tresen. Dort reihte ich mich dann in die Schlange mit den Omas ein und lieh mir Bücher aus. Ich hörte auf, die einsamen Omas zu bedauern und ging zum Selbstmitleid über. Eine Disziplin, die ich allmählich zur Meisterschaft entwickelte.

STEFAN. Ich habe meine Arbeit nie übermäßig geliebt, ich habe sie aber auch nie gehasst. Ich hätte nicht gewusst, wie ich den Tag hätte verbringen sollen, wäre ich arbeitslos geworden. Vielleicht hätte ich in einem Kegelclub geendet. Dieses Spielchen, das war scheiße in meinem Leben und das war scheiße, ich meine, das kann man ja ewig so weitertreiben. Die Arbeit ist scheiße, aber Nichtstun ist auch scheiße, die Beziehung ist scheiße, aber keine Beziehung ist auch scheiße, immer nur Geld, Geld, Geld, aber kein Geld ist auch scheiße, folge dem Herzen, aber folge dem Verstand, tue Gutes, aber haue dem Anderen auf die Schnauze, wenn er deiner Karriere im Weg ist... Diese ganzen verlogenen Floskeln, die man schon als Kind eingetrichtert bekommt... Und dann stellt man eines Tages fest, scheiße, die Welt sieht ganz anders aus. An dieser Stelle fangen dann die Ausreden an: Niemand hat mich lieb, alle sind gegen mich, sie haben mich immer nur in die Pfanne gehauen und der ganze Scheiß. Diese ewige Jammerei kann ich nicht mehr hören. Das Leben ist halt so, oder von mir aus, das Leben ist scheiße. Na und?

ANDREA. Ich habe mein Leben mit Warten verbracht.

Zunächst wartete ich ab, bis die Grundschule vorbei war. Dann wartete ich ab, bis ich aufgrund meiner schlechten Noten vom Gymnasium flog. Dann wartete ich ab, bis ich die Realschule durchlaufen hatte. Dann wartete ich nochmal vier Jahre, bis ich das Fach-Abi in der Tasche hatte. Dann wartete ich ab, bis Semester um Semester verstrich. Dabei wartete ich bis mir ein Mann über den Weg lief. Und dann noch einer. Ich wartete so lange, bis sie wieder aus meinem Leben verschwunden waren. Jetzt warte ich, bis ich meinen Studienabschluss in der Tasche habe. Schließlich werde ich es abwarten, was dann passiert. Momentan warte ich darauf, entlassen zu werden. Der Tagesablauf beginnt hier ja schon damit, auf den Kaffee zu warten, den koffeinfreien versteht sich. Einer der Ärzte hat mir einen schönen Satz gesagt, also der ist gleich bei mir hängen geblieben: „Die meisten Leute sterben genau dann, wenn sie es eigentlich gar nicht erwarten."

GEORG. Es hat mir mein ganzes Leben lang nichts ausgemacht, ein Doppelleben zu führen. Genau genommen war es ja ein Dreifachleben. Denn obwohl ich ein grandioser Verkäufer war, habe ich eigentlich nur einen grandiosen Verkäufer gespielt. Und obwohl ich ein treusorgender Familienvater war, habe ich eigentlich nur einen treusorgenden Familienvater gespielt. Und als mich dann meine Frau, völlig gerechtfertigt, verlassen hat und ich allmählich begann, mich selbst zu durchschauen, da begann ich mich mit dem dritten, bislang völlig unbekannten Leben, zu beschäftigen: nämlich meinem eigentlichen Leben. Genauer gesagt, mit meinem nicht vorhandenen. Ich kann es nicht genau erklären. Aber ich habe die ganze Sache plötzlich durchschaut – das hat mich fast wahnsinnig gemacht.

INA. Sicher habe ich den Wunsch, normal und gesund zu sein. Aber was ist normal? Ich denke, das gehört dazu, warum ich hier gelandet bin, weil ich auf diese Frage keine Antwort habe. Ich denke immer, dass die Leben der anderen reibungslos funktionieren. Sie haben eine geregelte Arbeit, eine geregelte Beziehung. Sie stehen jeden Tag auf, ohne große Schwierigkeiten. Dieser Trott zwischen Arbeit und Alltag, das kann doch nicht alles sein. Man muss doch auch wissen, für was man etwas tut. Warum tun sich alle damit so leicht und ich so schwer? Oder rede ich mir das nur ein? Ich habe nach der Schule ein paar Jahre verbummelt. Gelebt habe ich noch bei meinen Eltern. Ich habe in dieser Zeit sehr intensiv Sport getrieben. Dann habe ich meinen Eltern nachgegeben und begonnen Betriebswirtschaft zu studieren. Ich merkte schnell, dass es einen großen Unterschied gibt zwischen geschniegelten Managern im Fernsehen und der Wirklichkeit. Ich bin aber trotzdem dabei geblieben.

HORST. Ich habe es nie so empfunden, dass es ein Berufsleben gibt und dann noch ein Privatleben, das das eigentliche Leben sein soll. Mein Ideal war es immer, möglichst in Ruhe gelassen zu werden. Sicherlich bin ich jobmäßig nicht arg weit gekommen. Aber ich stellte auch nie den Versuch an weiterzukommen. Es war mir schlichtweg egal. Ich führe eigentlich das Leben meiner Träume. Bin in Rente, kann machen was ich will, eigentlich müsste ich glücklich sein. Ich verstehe nicht, wie ich so ein depressiver Hund werden konnte. Denn ich habe stets alles mit Gleichmut ertragen. Und als das Leben richtig losgehen sollte, da war es plötzlich verschwunden.

STEFAN. Die Jahre verflogen und ich trieb dahin. Ich hatte eine große Sehnsucht nach Freiheit, aber ich hatte keine Vorstellung, was ich machen sollte, um dieses Gefühl zu kriegen. Hat mich eine Frau angesprochen, hat es nie lange gedauert bis ich ihr nachgegeben habe. Es war schön, hatte mit Freiheit aber nichts zu tun. Es ist für mich eigentlich kein Problem, nichts zu trinken. Wenn ich aber einmal damit angefangen habe, kommt es zu richtigen Saufgelagen. Im Suff lernt man dann einen Haufen Leute kennen, die einen nüchtern nicht mehr kennen wollen. Zur Freiheit hat das aber auch nicht geführt. Gibt es irgendwo Erdnüsse oder Schokolade, fresse ich grundsätzlich die Schachtel leer. Ich kann auch nicht langsam Auto fahren. Bei meinem Fiat hatte ich das Gaspedal immer unten. Nun ja, die Karre lief ja nicht so schnell. Bei meinem Mercedes wurde mir das Ganze fast zum Verhängnis. Ich glaube aber, es hätte auch so irgendwann gedonnert.

ANDREA. Mein Vater ist Marokkaner, meine Mutter ist Deutsche. Da gab es ewige Konflikte zwischen den Alten, wie sich eine Frau zu benehmen habe und der ganze Scheiß. Mein Vater ist nicht religiös, aber je älter er wurde, desto bescheuerter benahm er sich und wollte die Glaubensregeln, auf die er sein ganzes Leben lang geschissen hatte, doch noch einführen. Dagegen hat sich meine Mutter natürlich gewehrt. Abgekriegt haben die Streitereien immer die Kinder. Das heißt mein Bruder weniger. Er war doch das Lieblingskind. Aber ich habe es voll abgekriegt. Das entzündete sich immer an Kleinigkeiten. Einmal zum Beispiel hatte meine Mutter herausgefunden, dass ich meine Zähne nicht geputzt hatte. Die Zahnbürste war noch trocken. Also hat sie mich aus dem Bett gerissen, an den Haaren ins Badezimmer geschleift, die Bürste genommen, Seife draufgeschmiert und mir damit im Mund herumgefuhrwerkt. Von den Ohrfeigen ganz zu schweigen.

GEORG. Bei uns waren Schläge an der Tagesordnung, das gehörte dazu. Mindestens einmal im Monat musste der böse Bube verhauen werden. Meist lag auch irgendein Anlass vor. Zum Beispiel zu spät in der Schule oder Hose dreckig. Manchmal war ich aber den ganzen Monat lang brav gewesen. Dann musste eben auf die Schnelle ein Anlass gefunden werden. Da hieß es dann, ich würde schmatzen beim Essen oder ich hätte meine Hände nicht gewaschen. Und zack gab's wieder eins drauf. Als ich dreizehn oder vierzehn war, hörten die Prügel schlagartig auf. Mein Vater war beim Schlagen derart in Rage geraten, dass der nagelneue Kochlöffel aus schönem, hartem Holz an meinem widerstandsfähigen Arsch in drei Teile zerschellte. Das war's dann.

INA. Meine Eltern sind mir immer auf die Nerven gegangen. Angefangen hat es als ich klein war mit dem Musikunterricht. Zuerst spielte ich Flöte, was ich gehasst habe. Allein schon aus dem Grund, weil es in der Schule war. Die anderen durften schon nach Hause. Da mussten wir noch dableiben und Flöte spielen. Eines Tages bin ich nicht mehr hingegangen. Da kamen meine Eltern auf die glorreiche Idee, es läge am Instrument. Plötzlich lag eine Gitarre unter dem Weihnachtsbaum und die Scherereien gingen von vorne los. Zum guten Ende wurde ein altes Klavier angeschafft, das Gott sei Dank so kaputt und verstimmt war, dass es nur als Möbelstück und Blumenvasenabstelltisch verwendet werden konnte. Aber dann waren meine Eltern nicht von der Meinung abzubringen, dass in mir eine große Sportlerin steckt. Sie meldeten mich beim Kunstturnen an. Das habe ich gehasst. Aber der Schwebebalken hat mich herausgefordert und so trainierte ich einige Jahre lang verbissen und brachte es zu Vizemeisterehren. Aber ich habe trotzdem noch rechtzeitig erkannt, dass es mich im Grunde nicht interessierte, in der Sportart voranzukommen. Der Tag, an dem ich das Turnen aufgegeben habe, war ein großer Tag. Meine ersten Gedanken an Selbstmord fielen in diese Zeit.

HORST. Zu unserer Zeit gab es noch prügelnde Lehrer, die waren aber schon auf dem absteigenden Ast. Die Sache wurde verboten, daraufhin verfeinerten die Lehrer ihre Schickanetechniken. Man musste in die Ecke stehen oder Nachsitzen oder 100 Mal den Satz schreiben: „Ich werde den Unterricht nicht mehr stören." Weder in der Schule, noch zuhause bekam ich Prügel ab. Im Gegenteil, da ich ein Einzelkind war, wurde ich von Eltern und Großeltern eher verwöhnt. Im Kindergarten langweilte ich mich zu Tode, weil ich daheim mehr Spielzeug hatte, als es im Kindergarten gab. Da waren Kinder, die hatten einen einzigen Teddybären, der schon ganz zerschlissen war, weil sie ihn immer hinter sich her schleppten. Ich hatte zuhause aber mindestens 20 oder 30 Stofftiere aller Art. Heute denke ich, dass ich mein an sich belangloses Leben so lange ausgehalten habe, weil ich immer so schöne Erinnerungen an meine Kindheit hatte.

STEFAN. Als kleiner Junge spielte ich Fußball, wie alle kleinen Jungen, doch nie mit Überzeugung. Als großer Junge schlief ich mit Frauen, wie alle großen Jungen, doch nie mit Überzeugung. Ich erledigte meine Arbeit, aber nie aus Überzeugung. Ich habe gegen mich und mein Leben nichts einzuwenden. Alle mir aufgegebenen Dinge erledigte ich ohne großes Nachdenken. An meine Kindheit will ich mich nicht erinnern. Es sind zwei wichtige Menschen gestorben. Ansonsten kann ich mich nicht erinnern, was da besonders schlecht gewesen sein soll. Ich meine, es gibt nur eine Welt. Was soll's, es ist eben so. Mein bester Freund hat sich umgebracht, wegen einer Frau, die ihn verlassen hatte. Das hat er nicht verpackt. Um ehrlich zu sein, beneide ich ihn fast für seine romantische Art der Sichtweise und der romantischen Idiotie seiner Tat. Er hat sich erschossen. In ihrer Wohnung. Seine Ex-Freundin ist danach nie wieder ganz normal gewesen. Wenn also Rache sein Motiv war, so hat es funktioniert.

ANDREA. Bevor ich lebensmüde wurde, war ich einfach nur müde. Ich versuchte es mit zehn Stunden Schlaf, ich versuchte es mit elf Stunden Schlaf. Dann fühlte ich mich tagsüber einigermaßen wohl. Ich achtete immer darauf, dass meine Seminare und Vorlesungen am Nachmittag stattfanden, damit ich mich am Vormittag ausschlafen konnte. Es wurde mir zur Gewohnheit, Schlafmittel massiv einzusetzen. An manchen Tagen schlief ich elf, zwölf oder dreizehn Stunden. Schon in der Schule hatte ich große Schwierigkeiten, mich auf den Beinen zu halten, geschweige denn konzentriert zu arbeiten. Auch im Studium, beim Schreiben einer Hausarbeit, kann ich mich höchstens zwei Stunden konzentrieren. Danach klappe ich regelrecht zusammen. Deshalb komme ich mit der Studiererei nur langsam voran. Aber nicht nur deshalb. Weil ich vom Bafög nicht leben kann, gehe ich abends in ein Kosmetikgeschäft zum Putzen.

GEORG. Um gegen meine Langeweile im Job

anzukommen, also dieses ewige Herumgefahre und die ewig gleichen Verkaufsargumente, entwickelte ich meinen „mechanischen Kalender". Der „mechanische Kalender" war eigentlich ein ganz normales schwarzes Buch, in dem jedem Tag eine Seite gewidmet war, unterteilt in 24 Linien für 24 Stunden. Da trug ich feinsäuberlich meine Termine ein. Meinen Kollegen, der mir jahrzehntelang gegenübersaß, beneidete ich um sein elefantenartiges Gedächtnis, das alle seine Termine wie ein Computer speicherte. Dabei war dieser impulsive Mann ein ganz gewissenhafter Verkäufer, mir mindestens ebenbürtig, wenn nicht sogar leicht überlegen. Während er direkt auf die Leute zuging und um den richtigen Spruch zur richtigen Zeit nie verlegen war, setzte ich auf die beharrlich bohrende, unablässig an der Beute bleibende Methode. Es waren zwei entgegengesetzte Konzepte, die komischerweise beide gleichermaßen funktionierten. Der Kollege fand Gefallen an seiner Tätigkeit, es machte ihm sogar Spaß. Ich zwang mich durch jeden einzelnen Termin in meinem „mechanischen Kalender": Geschaltet wie auf Autopilot, hangelte ich mich von Eintrag zu Eintrag. Während mein Kollege nur einen perfekten Computer im Schädel hatte, wurde ich im Laufe der Jahre selber zu einem.

INA. Die Lehrer führten einen beständigen Kleinkrieg gegen mich. Weil sie mir wegen meiner guten Noten nichts konnten, verlegten sie ihre Angriffe eben auf Nebenkriegsschauplätze. Da wurde ich in der achten Klasse vom Drogenberatungslehrer auf dem Flur gestellt und ins Lehrerzimmer geschleift. Dort ging dann die große Litanei los. Ich würde mich auf dem Pausenhof schlecht gegen die kleinen Schüler benehmen. Man habe den Verdacht, ich würde Drogen nehmen. Meine ganzen Freunde, die alle schon arbeiteten, die seien ein schlechter Umgang für mich, weil sie bekannt dafür seien, dass sie kiffen würden und so weiter und so fort. Das stimmte ja überhaupt nicht. Zu dem Zeitpunkt hatte ich in meinem Leben vielleicht einmal an einem Joint gezogen. Wer den Drogenberatungslehrer auf seine ganzen Spintisierereien gebracht hatte, darüber brauchte ich nicht lange nachzudenken. Meine lieben Mitschüler hatten mich angeschwärzt und hatten mein künftiges Schicksal in den dunkelsten Farben in den Himmel gemalt. Ich rauchte von da ab öfters mal einen Joint und boykottierte den Musikunterricht des

Drogenberatungslehrers. Sein miserables Gekrächze beim Vorsingen war die reinste Zumutung, was ihn von der Meinung, ein großer Musiker zu sein, nie abgebracht hat. Er hat dann bei meinen Eltern angerufen und Terror gemacht. Schließlich habe ich mich breitschlagen lassen und bin wieder hingegangen.

HORST. Mir dröhnen noch die Stimmen in den Ohren, denen ich als Kind die ganze Zeit ausgesetzt war: „Steh jetzt endlich auf! Vergiss nicht, dir die Zähne zu putzen, du hast dein Hemd falsch rum an, komm ja nicht zu spät in die Schule, vergiss deine Handschuhe nicht, binde dir die Schuhe gefälligst richtig zu, komm ja nicht zu spät zum Mittagessen, wasch dir die Hände, mach ja deine Hausaufgaben, du hast schon wieder eine schlechte Note geschrieben, geh raus zum Spielen, mach gefälligst mal was, mach das Radio aus, mach das Radio leiser, hör auf zu lesen, schlaf lieber, du hättest schon vor einer halben Stunde im Bett sein müssen!" Die Kapos auf dem Bau haben mich später irgendwie daran erinnert, bevor mich meine gebrochene Kniescheibe gerettet hat. Die Bibliothek war eine Art Leistungsverweigerung. An die schlechtere

Bezahlung gewöhnte ich mich rasch, und meine warme Stube hätte ich für keine Baustelle der Welt mehr aufgegeben.

STEFAN. Als meine Tante gestorben war, gab es zuhause nur noch Stress. Und das obwohl mein Onkel ja eigentlich immer unterwegs war. Meistens irgendwelche Saufgeschichten. Es war aber keineswegs so, dass wenn er besoffen heimgekommen ist, dass er da randaliert hätte oder was. Im Gegenteil, im Suff hat man ihn viel besser aushalten können als nüchtern. Der Typ war mit seinem Leben total unzufrieden. Im Grunde war er froh, dass meine Tante krepiert ist, dann konnte er besser tun und lassen, was er wollte. Und das war eben Ausgehen, sich Rumtreiben und eben Saufen. Ich habe während der Zeit als die beiden verheiratet waren, nicht einmal eine Zärtlichkeit zwischen den beiden erlebt, ein In-den-Arm-Nehmen oder Küssen oder gar Sex – ne, das könnte ich mir in meinen kühnsten Vorstellungen nicht ausmalen. Eine solche nebeneinander herlaufende Idiotie habe ich noch überhaupt nirgends gesehen. Erst später habe ich mir sagen lassen, dass das bei den so genannten

Langzeitbeziehungen eher die Regel als die Ausnahme sei. Wahrscheinlich kommt daher mein Horror vor Beziehungen.

ANDREA. Ich hatte immer ziemliche Probleme mit meiner Figur. Ich konnte mich selbst nicht leiden und dachte, dass das besser werden würde, wenn ich abnähme. Nach endlosen Diäten, hatte ich tatsächlich mal mein Wunschgewicht erreicht. Deshalb konnte ich mich aber auch nicht besser leiden. Natürlich habe ich dann auch schnell wieder zugenommen. Essen war für mich immer etwas Beruhigendes. Gegen leichte Depressionen half manchmal eine Tafel Schokolade. Ich war einmal kurz davor, das was ich in mich hineingefressen hatte, wieder auszukotzen. Aber ich wollte nicht fress- und brechsüchtig werden. Ich hatte schon genug Probleme, da wollte ich mir nicht noch zusätzlich welche aufhalsen. Richtig fett bin ich ja eigentlich nicht. Richtige Probleme mit meinem Körper bekam ich erst als ich einen jungen Mann kennen lernte und mich halbwegs in ihn verknallte. Zuerst habe ich ihn auf Distanz gehalten. Ich wollte herausfinden, ob er wirklich an mir interessiert ist und habe ihn zappeln lassen.

In der Zwischenzeit arbeitete ich nicht nur als Putzfrau, sondern hatte mir auch noch einen Job als Babysitter aufgehalst. Eigentlich hatte ich gar keine Zeit für eine Beziehung. Aber ich war schon 23 und hatte noch nie einen Mann gehabt. Also musste einer her.

GEORG. Das wichtigste Element beim Verkaufen ist die Psychologie. Mit der Zeit entwickelt man jedem Kunden gegenüber einen Automatismus, mit dem er zu knacken ist. Den einen lobt man, weil er ein Familienmensch ist, der ein großes Herz für seine Kinder zeigt. Dabei darf man es nicht unterlassen, rechtzeitig eine Fotografie mit der eigenen Familie ins Spiel zu bringen. Den anderen lobt man für seine sportlichen Erfolge beim Triathlon. Bei wieder anderen muss man die Psychologie der nackten Zahlen in Anschlag bringen. Wenn man ihm beispielsweise bei jedem Besuch unter die Nase reibt, dass seine Konkurrenten viel schönere und vor allem größere Anzeigen schalten als er selbst. Viele verschließen sich aber der psychologischen Angriffsart. Bei diesen Menschen wirkt die Statistik Wunder. Wenn man ihnen begreiflich macht, dass sie im laufenden Geschäftsjahr nur halb so viel Werbung geschaltet haben als im letzten, dann werden sie oft wankelmütig, weil ihre Umsätze in wirtschaftlich schlechten Zeiten ohnehin zurückgehen. Dann muss man ihnen klar machen, dass die Werbung das A und O des Ganzen ist. Nur indem sie ihr sauer verdientes Geld anlegen (von dem ich 17 Prozent bekomme), können sie ihrem Geschäft zu neuem Auftrieb verhelfen. Die Psychologie des Marktes funktioniert aber fern ab dieser und jeder anderen Logik. Es stimmt natürlich, dass ich vielen Unternehmern, in dem ich ihnen aufgeschwatzt habe, wie wichtig die Werbung sei, auch geholfen habe. Allerdings habe ich auch schon ein paar kleinere Betriebe in die Pleite getrieben. Weil die bei mir geschalteten Anzeigen das Budget bei weitem überschritten haben. Das wusste ich natürlich. Aber bei 17 Prozent darf man nicht zimperlich sein.

INA. Ich bin nicht am Leben, mein Körper schon. Er will zum Beispiel Männer. Wenn er Männer bekommt, will er noch mehr Männer. Aber ich bin etwas ganz anderes als mein Körper. Ich weiß, dass es mir gar nichts bedeutet, Männer um mich herum zu haben. Dass sie mir sogar lästig sind. Auf der Suche nach dem Glück, bin ich halt immer wieder bei Männern gelandet. Nur glücklich war ich nicht. Vielleicht ist Glück überhaupt nicht möglich. Bestimmt aber überbewertet. Ich muss mich an gewisse Normen anpassen, weil das die Gesellschaft so will. Ich meine, was hindert uns denn daran, nackt auf die Straße zu springen, wenn uns eben gerade danach ist? Ich weiß nicht, was es ist. Aber es bestimmt der Grund dafür, warum wir nicht glücklich sind.

HORST. Wenn ich jemanden gewusst hätte, zu dem ich hätte gehen können, wäre es, glaube ich, gar nicht dazu gekommen. Auf der anderen Seite aber kann ich ja gar nichts mit anderen Leuten anfangen. Nicht, dass ich es nicht versucht hätte. Aber ich hatte unter den anderen Menschen immer das Gefühl, dass ich ausgesaugt werde. Da kommen so Vampire und die ziehen dir die letzte Energie heraus. Dein Gehirnschmalz, sie wollen alles, deine Seele. Also da hab ich auf stur geschaltet und bin abgehauen wie ein Kind… Unter dem Ruf „Rann an den Kesselspeck!" verfolgte mich mein Vater früher durch das ganze Haus. Weil ich wusste, was mir blühte, versuchte ich mich vor ihm zu verbergen. Aber ich hatte keine Chance, er kriegte mich immer dran. Dann wurde ich auf den Boden geworfen und mein Vater saugte sich an meinem Hals fest, als wollte er einen Knutschfleck hinterlassen. Ich zappelte wie wahnsinnig und kriegte manchmal kaum noch Luft. Ich schlug um mich, doch alles war vergebens. Irgendwann ließ er dann ab. Ich fühlte mich zerstört... Manche sagen, es sei leicht. Aber es ist schwer zu sterben, wenn das Blut nur sehr langsam aus einem tropft.

STEFAN. Ich hatte es vorher schon einmal fast versucht. Bei einem Betriebsfest, wir waren alle schon fürchterlich blau, kam einer auf seine Knarre zu sprechen, die er in den höchsten Tönen lobte und anpries. Was das für eine tolle Wumme sein sollte, eine 3.57er Magnum. Irgendwann sind wir besoffen durch das Dorf zu dem nach Hause getorkelt, wo er uns dann den Revolver vorgeführt hat. Wir sind dann in einen abgelegen Steinbruch gegangen und haben das Ding in Betrieb genommen. Es war eine Mordsgaudi, auch wenn keiner von uns das anvisierte Ziel, einen großen Stein, auch getroffen hat. Als ich wieder nüchtern war, wollte ich auch so eine Kanone haben. Es stellte sich heraus, dass der Arbeitskollege einen kannte, der einen kannte, der in Österreich Knarren besorgen konnte. Wir sind dann rübergefahren, ich habe mir eine ausgesucht und das Geld auf den Tisch gelegt und das war's. Ungefähr vor einem Jahr kam dann der erste Schub von meiner Depression. Da bin ich dann den ganzen Tag in meinem Bett gelegen mit dem geladenen Ding. Ich wusste, wenn jetzt nicht irgendwas passiert, bin ich weg vom Fenster. Ich raffte mich auf, das Haus zu verlassen. Die Knarre habe ich in einem See versenkt.

ANDREA. Ich kannte den Burschen von der Schule. Ich ließ ihn durch deutliche Gesten immer wieder wissen, dass ich an ihm interessiert war. Er hat alle Annäherungsversuche abgeblockt oder ignoriert, was mich nur noch mehr herausgefordert hat. Ich machte wieder mal eine Diät und wollte mein ideales Kampfgewicht erreichen. Aber dieser Typ war einfach nicht zu erweichen. Er war eine recht seltsame Erscheinung, hatte wenig Anschluss in der Klasse. Er war hochintelligent und schrieb äußerst schlechte Noten, was ihn ums Abi bangen ließ. Er wirkte nach außen hin ziemlich ruhig und zurückhaltend. Ich hatte aber auch das Gefühl einer Arroganz, dass ihm das Ganze zu blöd war. Er sprach eigentlich die ganze Zeit nur von Literatur und Philosophie, was einem ganz schön auf den Wecker gehen konnte. Wegen seiner Hartnäckigkeit, habe ich dann eine andere Strategie verfolgt. Ich habe ihn einfach gar nicht mehr beachtet. Und siehe da, kaum war das Schuljahr zu Ende, kam er ganz von alleine zu mir angelaufen.

GEORG. Die Flitterwochen sind vorbei – und dann fängt es an unheimlich zu werden. Gut ein paar Jahre, die wie im Flug vergingen, hat es schon gedauert. Ich spulte das Programm „Familienvater" ab. Dabei war ich wohl eher ein einsamer Wolf, der unverschuldet in ein fremdes Gehege gekommen war. Das Gegenteil vom Schlaraffenland. Ständig wurden Forderungen gestellt. Ich habe mich bemüht, alles pflichtschuldig zu erledigen. Der Anschein nach außen hat immer gestimmt. Nur hat jeder von uns schon bald sein eigenes Ding durchgezogen. Ich hatte ja außerhalb der Arbeit wenig Hobbys, wollte abends und am Wochenende meine Ruhe haben. Ganz im Gegenteil zu meiner Angetrauten, die eine wahre Meisterschaft in der Abarbeitung der unterschiedlichsten Hobbys an den Tag legte. Von den Stunden und Aberstunden, die sie mit ihren Freundinnen mit hochgradig interessanten Diskussionen verbrachte, ganz zu schweigen. Irgendwann hat sie sich dann in den Mann einer ihrer Freundinnen verknallt. Das war das Ende unserer Ehe – worüber ich gar nicht so unzufrieden war – vor allem aber war es das Ende mit ihren Freundinnen, die sich alle mit der Geprellten identifizierten und mit meiner Frau nichts mehr zu tun haben wollten. Gegenüber meiner Frau habe ich bis heute kein schlechtes Gewissen. Gegenüber meinem Sohn aber schon. Als er noch klein war, habe ich nichts mit ihm anfangen können. Ich war froh, dass meine Frau den Erziehungskram übernommen hat. Heute komme ich ganz gut mit ihm aus.

INA. Ich traf mich nach der Schule meist mit Jungs und Mädels, die schon ein paar Jahre älter waren, vor allem die Jungs. Wir hatten uns damals einen Spielplatz in der Stadt als Treffpunkt auserkoren. Bald gab es einen Haufen Ärger. Anwohner fühlten sich belästigt und hetzten uns die Bullen auf den Hals. Wir sind halt dagesessen und haben Bier getrunken. Mag sein, dass wir manchmal ein bisschen laut gewesen sind. Aber man hat schließlich nur eine Jugend.

Manchmal kam es vor, dass einer im Suff seine Flasche fallen ließ. Dann ging die natürlich zu Bruch und zerspritzte in tausend Fetzten. Dann sind da wohl mal ein paar auch im Sandkasten gelandet, wo am nächsten Tag die Kinder spielten. Ein Kind hat sich prompt an einer Glasscherbe geschnitten. Der Sand musste für teures Geld ausgewechselt werden. Aber der musste ja sowieso ausgewechselt werden, weil auch die Hunde da immer reingeschissen haben. Jedenfalls hatten wir die Bullen dann noch mehr als vorher auf dem Hals. Und bald jeden Abend wurden unsere Personalien aufgenommen. Zum Glück haben meine Alten nichts davon erfahren. Das hätte einen riesen Kotau gegeben.

HORST. Um der Langeweile in der Bibliothek entgegenzuwirken, begann ich damit, die verschiedenen Menschen sehr genau zu beobachten. Manchmal glaubte ich, mehr über meine Kunden zu wissen als diese über sich selbst. Die Literaturauswahl war schon sehr verräterisch. Wenn einer nur technische Bücher entlieh, dichtete ich ihm einen verarmten Seelenhaushalt an. Eine Dame, die nur Schund entlieh, war zweifellos eine frustrierte Gattin, die allerhand zu verdrängen hatte. Ich hatte öfters das Gefühl, dass ich es mit lebenden Toten zu tun hatte, mit Schattenwesen. Es war auch ein Eigennutz, wenn ich ihnen Geschichten andichtete, die gar nicht zu stimmen brauchten, ich kam mir dann weniger einsam vor. Diese Gestalten verfolgten mich und beschäftigten mich manchmal die ganze Nacht hindurch. Oft leistete ich mir auch den Luxus der Zerstreutheit, indem ich regungslos zum Fenster hinausstarrte. Es waren bunte Fenster, wie sie in Kirchen zu finden sind. Der ablaufende Verkehr draußen, war deshalb in seltsame Farben getaucht. Manchmal bin ich dann auch in einem Buch versunken, bis mich die Stimme eines Kindes, das eine Kassette ausleihen wollte oder irgendjemand sonst aus der Erstarrung riss.

STEFAN. Bei mir hat keine einzige Beziehung lange gehalten. Am Anfang war ich der Meinung, es läge an den Frauen. Ich habe immer nur die krankhaftesten Exemplare dieser Spezies angezogen. Die eine wollte den ganzen Tag von vorne bis hinten bedient werden. Wenn man ihr nicht ständig weisgemacht hat, wie schön und toll sie ist, hat sie sich schmollend in eine Ecke verzogen oder ist zu ihren

Freundinnen gelaufen, wo sie dann oft und gerne über unser Intimleben geplaudert hat. Und von wegen wie rücksichtslos ich sei und ich sei am Anfang doch so zärtlich gewesen. So ein Blödsinn. Eine andere hat plötzlich angefangen, nach einer Schonfrist, in der alles bestens lief, mich zum Baby zu degradieren. Rauch nicht so viel, sauf nicht so viel, pass auf dich auf – letzteres wurde zur Standartfloskel. Von morgens bis abends: „Pass auf dich auf!" Ich hätte zuschlagen können... Einmal schlief ich mit einer Frau, die hätte meine Tochter sein können. O.K., das war mein Fehler. Aber das Biest schwärmte von der großen Liebe. Sie schickte mir eine SMS nach der anderen, schwärmte von mir in den höchsten Tönen. Ich habe mich dann zusammengerissen und mich einfach nicht mehr gemeldet. Später habe ich dann erfahren, dass die ganzen Liebesschwüre von ihrem damaligen Freund verfasst worden waren, der sich mit ihrem Handy königlich amüsiert hat.

ANDREA. Er hatte bei der Abschlussfeier eine riesige Zigarre im Maul und gratulierte mir auffällig aufmerksam zum bestandenen Abitur. Ich dachte mir gleich, so du alter

Bengel, das ganze Jahr springe ich dir hinterher, du schaltest auf stur, ignorierst mich, wahrscheinlich um dir keine Blöße vor den anderen zu geben oder was weiß ich, und kaum ist das Ganze vorbei tauchst du plötzlich auf. Ich schaltete jetzt auch auf stur und ließ ihn abblitzen. Ich war ohnehin viel zu sehr damit beschäftigt, das Abi zu feiern, das ich mit knapper Not bestanden hatte. Wobei die anderen sich wesentlich mehr freuten als ich. Sie hatten scheinbar alle ein Ziel vor Augen. Ich wusste ja erst einmal gar nicht, was ich jetzt machen sollte. Ich hatte auch keinen Traumberuf oder so was. Ich dachte mir halt: irgendwas studieren. Die anderen taten gerade so, als würde das Leben jetzt erst anfangen. Da hatte ich mich eigentlich schon mit dem Gedanken abgefunden, dass in meinem Leben wohl nie etwas Besonderes passieren würde. Ich meine, warum sollte jetzt plötzlich alles anders werden? Aus diesem Grund habe ich mich an diesem Abend geweigert, auf meinen lieben Mitschüler, der so plötzlich sein Interesse an mir gezeigt hatte, näher einzugehen. Wir haben uns dann trotzdem ein paar Mal getroffen. Das einzige, was wir dabei erstmal feststellten, war, dass wir überhaupt nicht zusammenpassten. Aber die Geschichte nahm trotzdem ihren Lauf.

GEORG. Meine Formel war immer: Eines Tages werde ich es euch schon noch zeigen. So habe ich meinen Job ausgehalten. Indem ich mir sagte, seht her Leute, die ganze Sache hier bedeutet mir eigentlich gar nichts. Und eines Tages mache ich, was ich will – was das eigentlich sein sollte, wusste ich nicht so genau. Vielleicht gründe ich dann eine eigne Werbeagentur, mache einen Haufen Geld, fahre im Porsche vor, lade die Ex-Kollegen in der Mittagspause zu einem Kaffee ein, um ihnen von meinem tollen Leben zu erzählen u.s.w. Ich bin Ende Vierzig und habe nichts erreicht. Alles Schall und Rauch, letztlich Selbstbeschiss. Ich glaube, als ich der ganzen Sache auf die Schliche gekommen war, mich also durchschaut hatte, da ist der Entschluss gewachsen. Ich war mir sicher, das was du dir vorgenommen hast, wirst du sowieso nie erreichen. Ich kann nicht sagen, wie viele tausend Male ich von mir selbst gehört habe: Ab jetzt wird alles anders. Was soll jetzt werden? In meinen Job gehe ich nicht mehr zurück.

INA. Alles, was meine Eltern für wichtig erachten, bedeutet

mir gar nichts. Man braucht eine gute Schule, man braucht ein gutes Studium, man braucht einen richtigen Beruf, man soll etwas darstellen in der Gesellschaft, man soll die richtigen Leute kennen lernen, bla-bla-bla-bla-bla... Ist das wirklich alles, was diese Herrschaften anzubieten haben? I can't fuckin' hear it anymore... Ich war gut in der Schule, aber das bedeutete mir gar nichts, meinen Eltern bedeutete es alles. Ich bin gut im Studium, meine Eltern sind begeistert, mir bedeutet es gar nichts. Da muss es doch noch etwas anderes geben. Ich bin nicht so krankhaft ehrgeizig wie meine Eltern. Mein Vater ist Ingenieur, fliegt überall in der Weltgeschichte herum und hält unsere Geldmaschine in Gang. Er verdient ein Schweinegeld. Er macht seine Sache so gut, warum sollte ich ihm da ins Handwerk pfuschen wollen und in seinem Ding einsteigen? Ich bin noch nicht Hure genug, um mich einfach zu verkaufen. Obwohl, geizig ist er nicht. Mit Gefühlen vielleicht, aber nicht mit Geld. Er zahlt die Miete für meine Einzimmerwohnung, zusätzlich bekomme ich 1000 Euro Taschengeld. Aber ich muss einfach kotzen, wenn ich an die oberflächigen Leute denke, mit denen meine Eltern verkehren.

HORST. Meine Abneigung gegen körperliche Arbeit war in unserer Familie völlig untypisch. Die meisten arbeiteten wie die Tiere als Handwerker, die auch noch nach Feierabend losgezogen sind, um schwarz weiterzuarbeiten oder ihre Häuser in Eigenregie zu bauen. Verdiene dein Brot im Schweiße deines Angesichts, so in der Richtung. Ich hatte schnell herausgefunden, dass das bei mir nichts wird. Ich hab mich trotzdem noch ein paar Jahre damit abgequält. Dann habe ich einen Schlussstrich gezogen. Der Hass auf diese ganze Arbeitswelt ist geblieben. Ich war froh, als ich meine Nische gefunden hatte. Ich hatte das Gefühl, noch einmal davongekommen zu sein. Ich hatte ein schönes, ruhiges Leben. Ich weiß nicht, warum es mir so dreckig geht.

STEFAN. Am besten fühlte ich mich immer, wenn ich etwas tat, was offensichtlich verboten war. Mit ein paar Kumpels hatte ich mich in meiner Jugend darauf verlegt, Zigarettenautomaten zu knacken. Wir entwickelten im Laufe der Zeit eine sehr aufwendige, aber sichere Methode. Wir spezialisierten uns auf freistehende Automaten. Sie waren meist an Eisenträgern aufgehängt. Wir fuhren mit dem VW-Bus ganz nah heran und öffneten die Schiebetür. Dann legten wir ein Seil um den Automaten, zersägten mit dem Schneidbrenner die Eisenstäbe, zogen kräftig am Seil und der Automat plumpste auf die Ladefläche. Dann machten wir uns auf den Heimweg, was mehrere Stunden dauerte, da wir nie Automaten in unserer näheren Umgebung knackten. In einer abgelegenen Scheune haben wir die Dinger aufgeschweißt. Die Kohle haben wir behalten. Die Zigaretten haben wir selber geraucht. Schwierig war es, die Automaten wieder los zu werden. Einmal hatten wir einen in einem See versenkt. Das war uns aber eine zu unsichere Sache. Wir haben die Dinger dann in einem abgelegenen Waldstück vergraben, wo es eine längst aufgegebene Bauschuttdeponie gab. Das Buddeln nahm einen Haufen Zeit in Anspruch. Eigentlich entsprach unser Lohn, der aus Zigaretten und Münzgeld bestand, in keinem Verhältnis zum Aufwand, den wir betrieben. Als wir älter wurden, hatte sich unsere Knackerbande verlaufen. Und meine kriminelle Energie verlor sich im Nirgendwo. Aber wie singt Bryan Adams so schön: „Those were the best days of my life."

ANDREA. Um meine Eltern los zu werden, habe ich in einer entfernten Stadt ein Studium angefangen. In einem Vorort suchte ich nach einer Wohnung, weil ich Angst hatte gleich im Getümmel zu versinken. Von Anfang an wollte ich in eine WG, weil ich nicht allein sein konnte. Ich hatte Glück und war von ziemlich netten Leuten umgeben. Das einzige Problem war, dass es sich um eine finstre Kellerwohnung handelte. Ich bekam ein paar klaustrophobische Anwandlungen. Die Miete habe ich mit dem Bafög bezahlt. Eine finanzielle Unterstützung von zu Hause hatte ich nie. Bis heute bin ich darauf angewiesen, putzen zu gehen und Babys zu sitten. Zum Studieren bin ich die ersten beiden Semester gar nicht gekommen. Ich musste mich erst einmal einleben und mich von der Situation zu Hause erholen. Es war Herbst und die ganze Atmosphäre war ziemlich drückend. Ich bin dann immer mit dem Bus in die Stadt gefahren und habe jeden Tag ein anders Viertel besucht und mir die Stadt nach und nach angesehen. Abends bin ich manchmal mit den Leuten aus meiner WG weggegangen. Ich hatte auch noch eine alte Freundin, die ich von früher kannte. In den Semesterferien bin ich dadurch aufgefallen, dass ich dageblieben bin, während alle anderen nach Hause fuhren.

GEORG. Eines Tages trafen wir uns mit anderen Verkäufern bei einem Seminar in irgendeiner Tagungsstätte. Inhalt des Seminars war die Psychologie des Verkaufens, die ich ja aus dem FF beherrschte. Trotzdem war es interessant, die Sache auch mal theoretisch zu betrachten. Jeder Tag der Woche lief völlig gleich ab. Um acht Uhr morgens gab es Frühstück, um neun begann das Seminar, wir saßen in einem Tagungsraum, dann gab es eine Kaffeepause, dann gab es eine Mittagspause, dann gab es wieder Kaffee und Kuchen. Um 18 Uhr waren wir durch mit unserem Programm, gingen zum Abendessen und waren ziemlich geschafft. Das hat natürlich nicht verhindert, dass wir jeden Abend weggefahren sind. Jeden Abend sind wir in einer anderen Kneipe abgestiegen. Meist mussten wir unsere Autos stehen lassen und mit dem Taxi heimfahren. Es war da auch eine blonde, zierliche Frau dabei, die einzige Frau auf dem ganzen Seminar. Sie konnte sieben oder acht große Weizenbiere trinken, ohne dass man ihr etwas angemerkt hätte. So etwas hatte ich noch nie gesehen. Neben unserer Tagungsstätte befand sich eine privat geführt Suchtklinik und wir ernteten morgens immer ein paar bissige Blicke, weil die Patienten über unser nächtliches Heimtorkeln Bescheid wussten. Das war eine Mordsgaudi. Seitdem ich hier drinnen bin, habe ich eine Menge Alkis kennengelernt. Und sehe das Ganze mit anderen Augen.

INA. Viele Verwandte verachten mich jetzt, weil ich mein Leben achtlos weggeworfen haben soll. Das ist eine glatte Lüge. Ich habe immer gekämpft um mein Leben wie eine Sau. Wenn ich allein an die abertausende von Stunden denke, die ich in der Turnhalle verbracht habe. Dabei hatte ich es in vielem einfacher als meine Mitschüler, weil ich halt immer den finanziellen Background hatte. Das war nie eine Frage, nie ein Problem für mich. Vom Musikunterricht bis zum Turnen, vom Reiten bis zum Tennisspielen, lief alles automatisch. Ich kam auf die Welt. Und meine Laufbahn war abgesteckt. Ich sollte irgendein hohes Gesellschaftsvieh werden, eine vorzügliche Partie für den Schwiegersohn, Karrieremensch, Gebär- und Geldmaschine. Mir hat es gefallen, alles haben zu können, mir alle Wünsche sofort erfüllen zu können, das hat mir gut getan. Zum großen

Knall kam es erst durch die Verbissenheit, mit der ich meinen Sport betrieb. Nach außen blieb ich das fröhliche Partygirl, das es ab und zu mit dem Feiern übertrieb. Es waren überhaupt keine Anzeichen dafür da, dass es mir eines Tages hundeelend gehen würde. Bis zu jenem Tag im Herbst, an dem plötzlich die Hölle losbrach.

HORST. Einerseits brauche ich eine Mauer, damit ich nicht durch die leisesten Gefühlsäußerungen der anderen weggeschwemmt werde. Andererseits verhindert eben diese Mauer, dass ich irgendjemand nahe kommen kann. Ich habe nie begriffen, was ich Menschen überhaupt hätte geben können. Ich bin der Meinung, dass ich nicht besonders viel anzubieten habe. Je besser meine Abschottung funktionierte, desto größer wurde meine Sehnsucht nach den anderen. Ich habe, bevor ich es aufgab, oft nach der Nähe von Frauen gesucht. Aber beim Sex kam ich nie über das Gefühl hinweg, eigentlich überflüssig zu sein. Schnell wurde mir die Beziehung lästig. Ich fing an zu schimpfen und Gemeinheiten auszuteilen. Ich wollte mich an der Frau dafür rächen, dass ich ihr auf den Leim gegangen war. Dass ich mich wieder auf etwas eingelassen hatte, von dem ich wusste, dass es das nicht war, nach was ich suchte. Ich bin jetzt alt und grau. Und ich habe in meinem ganzen Leben noch nicht eine glückliche erotische Stunde verbracht. Hätte es geklappt, wäre gar niemand da gewesen, der dies bedauert hätte.

STEFAN. Diese Ruhe hier macht mich noch wahnsinnig. Gut, ich sehe es ein, es hat einen Grund, warum ich hier gelandet bin. Du tust irgendwas, was der ganzen Gesellschaft nicht passt. Und schwuppdiwupp kommen die Bullen und fahren dich ins Irrenhaus. Aber hier drinnen wirst du ja erst recht wahnsinnig. Diese ganzen Therapien, Gesprächstherapie, Gruppentherapie, Einzeltherapie, Maltherapie, Musiktherapie, Beschäftigungstherapie, Sporttherapie, Gestaltungstherapie, Entspannungstherapie, Lichttherapie, Aggressionstherapie, Konfrontationstherapie… Und dazwischen immer wieder Löcher von Stunden, in denen gar nichts passiert. Dieses „Unterhaltungsprogramm" treibt mich noch in den Wahnsinn. Ich habe einen Haufen Probleme, die ich vorher noch gar nicht hatte, von denen ich bislang nicht das Geringste ahnte, zum Beispiel, dass ich an einer narzisstischen Persönlichkeitsstörung leide. Ich glaube, ich habe das Kuchenbacken vergessen. Jeden Sonntag Kuchen und entkoffeinierten Kaffee. Sexuelle Beziehungen zu den Mitpatienten verboten, Koffein verboten, Alkohol verboten. Mich wundert's, dass das Rauchen erlaubt ist. Seitdem ich hier drin bin, rauche ich das Doppelte. Morgens muss ich erstmal fünf Minuten husten. Ich glaube ich sterbe eher am Lungenkrebs als an Selbstmord. Und dann diese Gymnastik morgens um 7.45 Uhr. Es stellt sich schon die Frage, wer hier drinnen eigentlich spinnt.

ANDREA. Für das Ei vom Lande war eine Stadt mit 150.000 Einwohnern ein Riesenmoloch. Ich fühlte mich erschlagen von Stein und Beton. Eine Zeitlang bin ich hin- und hergependelt und habe mich auf Zimmersuche begeben, weil ich jetzt eben doch in die Stadt ziehen wollte. Der Plan war, mich von meinen Eltern zu lösen und auf eigene Füße zu kommen. In der Realität sah das allerdings ganz anders aus. Meine neu gewonnene Freiheit habe ich überhaupt nicht genießen können, ich wusste gar nicht, was anzufangen und fühlte mich ziemlich verloren und alleingelassen, zurückgewiesen von der Stadt, ausgeschlossen von der Gemeinschaft. Alle Dinge waren fremd. Und obwohl mich meine Eltern zu Hause fast erstickt hatten, vermisste ich sie. Ich hatte ein ziemliches Heimweh, was mir bescheuert vorkam. Ich wollte ja unbedingt von zu Hause weg.

GEORG. Zum Teil meines Planes gehörte es, mir auszumalen, mit welch seltsamen Gesichtern einige Leute bei meiner Beerdigung dastehen würden. Das ganze Leben hindurch kümmert sich niemand um dich, auf einmal versammeln sie sich wie die Geier über deinem Grab. Wenn ich im Fernsehen eine Beerdigung sehe, gespielt oder echt, läuft es mir jedes Mal kalt den Buckel runter. Ich denke dann: Angesichts des Todes tust du zu wenig für dein Leben. Ich habe die ganze Zeit das Gefühl, etwas verpasst zu haben, nicht alles mitgenommen zu haben. Vom Tod geht ein ungeheurer Druck aus. Der Tod schreit: „Lebe!" Auf der anderen Seite ist da dieser Sog, wie wenn man bei der Badewanne den Stöpsel zieht und das Wasser beginnt über dem Abfluss zu kreisen. Es wird einem schwindlig davon. Es bleibt die Frage, wie man den Tod draußen halten und das Leben rein lassen kann. Oft habe ich das Gefühl, dass zwischen Leben und Sterben gar kein Unterschied besteht. Was ich wirklich nicht begreife, warum konnte meine Familie mich nicht halten? Ich begreife nicht, warum das alles immer nur so nebenher gelaufen ist, als hätte ich gar nichts damit zu tun. Oft kommt mir alles so unwirklich vor – wie diese Runde hier.

INA. Ich erinnere mich genau an den Tag, der meinen Untergang einläutete. Es war eine Mischung aus Unkonzentriertheit und Überforderung. Das habe ich aber gar nicht gemerkt. Wie gesagt, war ja alles so, wie ich es gewollt habe. Dann kam ich aus dem Tritt. Und fiel vom Schwebebalken. Meine Trainerin war geschockt, weil sie so eine Unkonzentriertheit von mir überhaupt nicht gekannt hatte. Ich landete für eine Nacht im Krankenhaus mit einem Bänderriss, was für einen Sportler überhaupt nichts Besonderes ist. Was dann kam, war die schlimmste Nacht meines Lebens. Plötzlich stürzte alles auf mich ein. Plötzlich fühlte sich alles anders an. Die Angst, mit der ich immer zu kämpfen hatte, traf mich wie ein Hammerschlag. Das Herz raste und alles brach auf. Ich fühlte mich ungeborgen, ungeliebt, verlassen, einsam, ausgeliefert und unendlich verletzt. Ich dachte mir, dieses Gefühl wird schon irgendwann mal aufhören. Aber in den nächsten Tagen wurde es noch schlimmer. Und der Schmerz blieb stehen wie eine Wand. Im Nachhinein begreife ich, dass es Hinweise gegeben hatte. Trotzdem hätte ich es nie für möglich gehalten, dass es mich derart aus dem Sattel haut.

HORST. Ich versuche mich möglichst entfernt von den philosophischen Fragen zu halten, trotzdem plagen sie mich. Was Todesangst ist, kann ich mir sehr gut vorstellen. Ich hatte auch mal ne religiöse Phase, wo ich mich auf die Suche Gottes begab. Jesus Christus, der Erlöser – die Idee ist wohl zu schön, um wahr zu sein. Ja, ich suchte Christus, aber der kam nie bis Castrop-Rauxel. Ich bin dann zum Buddhismus konvertiert. Im Prinzip eine Religion für Selbstmörder. Am Ende meiner Suche stellte ich aber fest, dass ich genau so schlau wie am Anfang war. Das Lesen von Hunderten von Büchern in der Bibliothek, während draußen das Leben vorbei gegangen war, hatte überhaupt nichts genützt. Genau genommen suchte ich nicht Gott, sondern die Erlösung vom Leiden. Was mir an anderen Menschen immer aufgefallen ist, ist die

Selbstverständlichkeit, mit der sie leben. Ihre Gesichtshaut ist rosig und gesund und in ihre Stirn haben sich keine Falten eingefressen. Das Leben ist für diese Leute so selbstverständlich, als dass man eben nass wird, wenn man sich ohne Schirm in den Regen stellt. Ich wache schon seit Jahren mit einem Würgen in der Kehle auf. Es ist das Würgen, das ich abends habe, wenn ich ins Bett gehe und nicht schlafen kann, und es ist dasselbe Würgen, das mich durch den Tag begleitet. Es mag sein, dass mir die Medikamente gegen die Depression geholfen haben. Aber keine Medizin hilft gegen das Würgen. Ich würde gerne leben, wenn ich wüsste wofür. Wenn ich in einer dunklen Stunde aber alles zusammendenke, die Welt im Schnelldurchlauf betrachte, die Menschen, die Tiere, die Wolken, das Meer, der Schnee, das ist alles so abartig und groß, dass es irgendeinen Sinn haben muss. Ich verstehe ihn nur nicht.

STEFAN. Sinn kann das Ganze nur dann machen, wenn man sich aus der Alltagsscheiße lösen und sich auf die wesentlichen Dinge konzentrieren kann, auf die Dinge, auf die es wirklich ankommt. Viel zu viele Menschen verbringen viel zu viel Zeit mit der Scheiße ihrer Arbeit und der Scheiße ihres Lebens. Kein Wunder, wenn man da allmählich nicht mehr durchblickt und nicht mehr weiß, wofür das Ganze eigentlich gut sein soll. Wogegen ich mich wehre, ist diese Alles-Erdulden-Haltung, das passive Leiden und immer mehr einstecken, einstecken und niemals austeilen. Ich will nicht einfach nur dasitzen und warten, bis es vorbei ist. Ich habe noch ein paar Dinge im Kopf, die ich noch machen will. Das ist jetzt ein blödes Beispiel, aber ich wollte schon immer mal Tauchen lernen, vielleicht selber mal Tauchlehrer werden. Leider zwingen einen die Verhältnisse dazu, für die Dinge, die man eigentlich machen will, keine Zeit zu haben oder kein Geld oder beides. Zu viele kratzen ab, ohne je gewusst zu haben, um was es eigentlich geht. Freiheit ist das A und O im Leben. Darum geht es. Eines Tages aufwachen und wissen, man kann tun und lassen, was man will. Und auch wenn ich mein Ziel nie erreiche, weiß ich jetzt, dass ich trotzdem darum kämpfen muss. Denn niemand wird kommen und sagen: „Bitteschön, du bekommst die Freiheit geschenkt".

ANDREA. Zu viel Freiheit macht Angst. Ich habe meine

Kellerwohnung verlassen und bin in ein großes, anonymes Studentenwohnheim gezogen. In dem unübersichtlichen Haus – ein ehemaliges Heim für Arbeiter der Eisenbahn – waren viele Wohnungen. Und in jeder Wohnung vier bis sechs Zimmer. Bevor ich dort einziehen konnte, musste ich eine Art Aufnahmeprüfung bestehen. Zu einem bestimmten Termin tauchten mehrere Bewerber für das Zimmer in der WG auf. Jeder musste sich den Bewohnern vorstellen und viele Fragen beantworten. Die wollten ganz genau wissen, wen sie sich da in die Bude holen. Ich musste meine Sache gut gemacht haben, denn unter den vielen Bewerbern wurde ich ausgewählt. Die, die das Zimmer nicht gekriegt hatten, taten mir leid. Aber ich war froh, dass ich das Zimmer bekommen habe und auch ein bisschen stolz darauf, dass sie gerade mich ausgewählt hatten.

GEORG. Was mich wirklich wahnsinnig macht, ist das Verstreichen von Zeit. Hier drinnen verbringe ich ganze Nachmittage damit auf dem Flur zu sitzen und auf die große Uhr zu starren. Das Vorrücken der Zeiger hat etwas Magisches. Eine ganze Minute lang passiert gar nichts. Dann schnappt der große Zeiger ein Stück weiter. Mit einem Schlag ist eine Minute deines Lebens verschwunden. Zack – einfach weg. Es ist wie ein Schlag in die Fresse. Zunächst schmerzt es mich, dass schon wieder eine Minute meines Lebens unwiederbringlich vorbeigegangen ist, sinnlos vorbeigegangen ist. Denn es macht schließlich wirklich keinen Sinn, im Flur eines Irrenhauses zu sitzen und auf die Uhr zu starren (einmal davon abgesehen, dass der Flur im Gegensatz zu den Zimmern richtig gut beheizt ist). Wenn meine Gedanken aber sozusagen in die Ferne schweifen, lässt der Schmerz langsam nach. Ich denke mir dann, wie lange das eigentlich schon so geht. Und wenn ich nun überlege, wie viele Minuten seit der Entstehung dieses Planeten vergangen sind, kommt mir meine Betrachtungsweise lächerlich vor. Ich komme darauf, wie wenig eigentlich ein Leben ist im Großen und Ganzen. Aber irgendwie ist das auch ein Trost.

INA. Ich war wohl eine ziemlich arrogante und ungenießbare Ziege. Ein Mann hat es mit mir nie lange ausgehalten. Es machte mir nichts aus. Über mein Leben nachzudenken, fehlte mir ohnehin die Zeit. Ich pendelte zwischen sportlicher Hochleistung und den Partys hin und her. Ich war eine Hochleistungspartygängerin. Es widert mich eigentlich an, wenn ich zurückdenke an die sinnlos versoffene Zeit. Die Männer kamen, langweilten mich und gingen. Aber ich war jung. Die Zeit spielt keine Rolle. Man hatte ja genug davon. Aber hier die Zeit sinnlos abzusitzen, da habe ich wirklich keinen Bock mehr drauf. Ich will hier so schnell wie möglich raus. Ich fühle mich überhaupt nicht psychisch krank. Die Depression, an der ich leiden soll, wird mir hier doch angedichtet. Das ist doch nur die Begründung für die Tabletten, mit denen sie mich vollstopfen. Ich war noch nie depressiv. Außer in den letzten paar Wochen vielleicht. Ich habe jedenfalls nicht vor, mich hier als Irre abstempeln zu lassen. Ich habe einen Haufen Tabletten gefressen. Und mich übergeben. Das war alles.

HORST. Ich weiß nicht, wie ich es erklären soll, aber meine Träume beweisen mir, ja, es gibt noch eine andere Welt, eine Welt, die manchmal Angst macht und manchmal schön ist, eine Welt jedenfalls, in der es keine Zwänge gibt. Ich meine, im Traum bin ich schon oft gestorben. Aber ich bin immer wieder aufgewacht, habe mein Sterben immer wieder überlebt, den Fall aus großer Höhe, die Hundemeute im Genick, die Häscher mit dem Strick. Das Sterben ist mir schon ganz vertraut. Vielleicht aber findet das eigentliche Leben in den Träumen statt, und die ganze gemeine Welt, in der wir leben, ist nur ein Schatten davon. Ich weiß, dass der Gedanke blödsinnig ist. Aber er hilft mir. Und dann kommt mir das ganze Leben selbst wie ein Traum vor. Dann versinkt alles und wird bedeutungslos. Vielleicht ist das Träumen eine viel intensivere Art zu leben.

STEFAN. Meine Güte, was hier alles zusammengesponnen wird, das geht ja auf keine Kuhhaut mehr drauf. Jetzt kapiere ich endlich, warum es verboten ist, das Gesagte der anderen zu kommentieren. Auch wenn es mir von Anfang an zuwider war, das hat schon seine Berechtigung. Wahrscheinlich würde sonst irgendwann mal eine Schlägerei ausbrechen. Da wird er auch schon nervös hier, unser Mann im weißen Kittel, der stumme Zeuge. Einen ganzen Nachmittag hat er sich nicht gerührt. Aber jetzt geht's los. Offenbar, weil mal einer was sagt. Ja, ich hab's kapiert. Ich komme schon zur Sache. Auch wenn mich die ganze Vorstellung hier so langsam ankotzt. Wir haben Scheiße gebaut, gut. Und sind hier gelandet, auch gut. Aber warum müssen wir uns zusätzlich noch demütigen lassen mit einer Veranstaltung wie dieser hier, die offenkundig keinen Sinn macht? Ah ja, ich sehe schon, wenn hier mal Tacheles geredet wird, wird schon auf die Klingel gedrückt. Vielleicht gibt es ja noch eine geschlossene Abteilung in der geschlossenen Abteilung? O.K., schon gut, ich bin wieder ganz brav. Ich will hier ja nicht der Spielverderber sein.

ANDREA. Eines schönen Tages im Winter ist er bei mir aufgetaucht. Ich wusste zunächst überhaupt nicht, wie ich mich verhalten sollte. Sicherlich war es gut, dass er da war, aber ich wollte gleichzeitig auch für mich allein sein. Schließlich lag er auf einer Matratze vor meinem Bett. Ich habe die halbe Nacht seine Hand gestreichelt, mehr ist nicht passiert. Und das war gut so. Mir fiel auf, dass er am nächsten Tag zum Frühstück einen halben Liter Beruhigungstee getrunken hat, den er von zu Hause mitgebracht hatte. Ich dachte mir nichts dabei und machte mich lustig darüber. Auch der weitere Verlauf des Vormittages hat mich nicht stutzig gemacht. Er bestand darauf, allein zum Bahnhof zu fahren, seine Begründung: „Ich mag keine Abschiede." Als er weg war, schrieb ich ganz deutlich in mein Tagebuch: „Ob ich ihn liebe, weiß ich nicht."

GEORG. Die Zeit, die ich im Flur verbringe, um auf die Uhr zu starren, hat auch ihr Gutes. Wenn der Zeiger eine Minute weiterschnappt, heißt das nämlich auch: „Prima Junge, du hast eine weitere Minute überlebt. Und je weiter der Zeiger vorrückt, umso eher kommst du hier raus." Worauf ich überhaupt keinen Wert lege. Ich kann es hier locker noch ein paar Wochen aushalten. Wenn der Zeiger eine Minute weiterschnappt, dann heißt das auch: „Junge, mach dir nicht so viele Gedanken. Dein Leben ist nur ein Furz in der ganzen Weltgeschichte." Ihr müsst bloß mal die Welt vom Mond aus betrachten. Richtig, ich muss dann auch immer lachen. Das ist aber ein absolut berauschender Gedanke. Meine kleine Sinnlosigkeit fällt im Großen und Ganzen nämlich gar nicht ins Gewicht. Die Sinnlosigkeit des Ganzen ist so wunderbar, dass meine kleine Sinnlosigkeit darin gut aufgehoben ist. Wenn alles sinnlos ist, ist es doch auch sinnlos, sich das Leben unnötig schwer zu machen, indem man es für sinnlos hält. Klingt doch logisch, oder?

INA. Es soll ja Familien geben, in denen das Zusammenleben völlig harmonisch verläuft. Also wie bei uns. Das Dumme daran ist nur, dass an der Oberfläche deshalb alles so gut läuft, weil die Sachen auf der anderen Seite immer unter den Tisch gekehrt werden. Meine Mama und mein Onkel beispielsweise verstehen sich überhaupt nicht, um nicht zu sagen, dass sie sich hassen wie die Pest. Warum sich die beiden eigentlich hassen, weiß niemand mehr so genau. Mein Onkel war auf jeden Fall dagegen, dass sein Bruder meine Mutter heiratet. Die war ihm wohl nicht gut genug. Er ließ sich auch nicht davon abbringen, bei jedem Familienfest hinter vorgehaltener Hand zu erzählen, dass meine Mutter ein Flittchen sei. Eines Tages würde sie sich scheiden lassen, das sei so sicher wie das Amen in der Kirche. Dabei würde dann auch unser schöner Familienbetrieb, der uns alle über die Maßen sättigt, vor die Hunde gehen, weil mein Vater zudem zu blöd gewesen sei, einen Ehevertrag abzuschließen. Ich glaube, ich weiß schon, warum ich Single bin.

HORST. Man sagt, dass ein Selbstmörder mit der Welt abgeschlossen hat, dass ihm das Leben nichts mehr bedeutet. Aber vielleicht ist es genau umgekehrt. Vielleicht sind wir deshalb hier gelandet, weil wir das Leben viel zu wichtig nehmen. Wahrscheinlich sind die ganzen Ansprüche, die wir ans Leben stellen wirklich nur im Traum zu erfüllen. Vielleicht ist es nicht mal wünschenswert, dass sich alles auch erfüllt. Vom hohen Ross aus sieht das Leben ja immer klein und unbedeutend aus. Wahrscheinlich ist es einfach falsch, so viele Erwartungen an das Leben zu stellen. Es ist nicht verwunderlich, wenn uns das Leben immer wieder den Arsch herausstreckt. Es gibt genug Leute, die sich an den kleinen Dingen erfreuen können, an ihren Zimmerpflanzen, an einem guten Essen, an ihrem Auto… Lauter Firlefanz, auf den ich überhaupt keinen Wert lege. Vielleicht ist es aber einfach falsch, sich der Konsumwelt zu verweigern. Anstatt immer und immer wieder Gedanken anzustellen über die Schlechtigkeit des Ganzen, sollte man jede Gelegenheit zur Zerstreuung dankbar annehmen. Es ist ziemlich idiotisch, die Leute zu verurteilen, nur weil sie mit dem Leben besser klar kommen als wir. Es hat mir jedenfalls nie etwas genützt, dass ich mich nicht für oberflächlich gehalten habe. Scheinbar hatte ich die Wahrheit. Aber die anderen das Leben.

STEFAN. Im Kindergarten machten sich einige von den Größeren den Spaß, Cowboy und Indianer zu spielen. Natürlich war in diesem Zusammenhang völlig klar, wer die Indianer waren. Ich saß also im Sandkasten mit meinem roten Schäufelchen, als plötzlich zwei von den Cowboys mit einem Seil auftauchten, das sie zuvor von der Schaukel abmontiert hatten. Ich warf mein rotes Schäufelchen in die Luft und versuchte abzuhauen. In irgendeiner Ecke haben sie mich dann erwischt. Der eine saß auf mir drauf, der andere legte mir die Schlinge um den Hals. Ich schrie wie am Spieß. Aber von den lieben Kindergartentanten ließ sich niemand blicken. Die Jungs zerrten mich an einen Baum, der eine zog rechts, der andere links. Sie blickten um sich und schauten, ob meine Schreie, die inzwischen verstummt waren, irgendjemand aufgefallen waren, waren sie aber nicht. Mit dem Seil banden sie mich an den Baum. Ich weiß nicht, wie lange ich am Marterpfahl stand. Mir kam es wie eine Ewigkeit vor, bis sie mich schließlich losgebunden haben. Am nächsten Tag spielte ich den Cowboy und versuchte einen anderen Indianer an den Baum zu binden. Das Unternehmen misslang hoffnungslos. Ich war nicht groß und stark genug, um den Job durchzuziehen. Es gab später in meinem Leben immer mal wieder Leute, Frauen und Männer, die versucht haben, mich an den Baum zu binden. Keiner war darunter, der es nicht bitter bereut hätte, als er sein blaues Auge mit Kamillentee pflegen musste.

ANDREA. In mir war ein totales Gefühlschaos ausgebrochen. Einerseits war ich froh, dass mein Besucher wieder weg war und dass nichts passiert war, andererseits stellten sich mir die Brustwarzen auf, so dass ich nicht wusste, ob es Erregung war oder Angst. Ich hatte noch überhaupt niemanden so nahe an mich rangelassen, geschweige denn einen Vertreter des anderen Geschlechts. Ich hatte heftige Gewissensbisse, weil mir von zu Hause immer die Jungfräulichkeit bis zur Ehe gepredigt worden war. Aber ich war immer noch Jungfrau... Meine Mutter hatte, als ich noch ein kleines Mädchen war, eine bestimmte Schlagtechnik entwickelt, die sie im Laufe der Jahre perfektionierte. Zuerst holte sie mit der rechten Hand kräftig aus. Dann knallte die Handfläche auf meine linke Wange. Die Wucht des Schlages bewirkte, dass ihr Arm jetzt ganz auf ihrer linken Seite war. Sie brauchte also für den zweiten Schlag nicht auszuholen, der mich mit der Außenseite ihrer Hand auf die rechte Wange traf. Auch für den dritten Schlag brauchte sie nicht extra auszuholen. Sie ließ den Arm einfach niedersausen und schlug mich mit der Innenfläche der Hand ins Gesicht. Erst für die nächste Runde, musste sie erneut ausholen. Das Ganze wiederholte sich dann beliebig. Im Laufe der Jahre erreichte meine Mutter darin eine Perfektion, so dass die Aktion in Sekundenbruchteilen ausgeführt war. Ich war damals übrigens noch der Meinung, alle ungezogenen Kinder bekämen etwas hinter die Löffel. Ich lebte lange in dem Glauben, das wäre normal.

GEORG. Nach außen hin war ich immer scheinbar normal. Aber in mir drin bewegten sich seltsame Gedanken. Für die Menschen meiner Umgebung war das, was ich dachte, gar nicht vorhanden. Sie nahmen die Welt immer als etwas ganz Selbstverständliches. Für mich blieb die Frage immer offen, warum das alles da ist. Ich meine es ist nicht schlüssig erklärt, warum dieser Planet im Gegensatz zu allen anderen, die wir kennen, überhaupt bewohnt ist. Und wie konnte aus dem ganzen organischen Dreck überhaupt so etwas wie der Mensch entstehen? Was für einen Zweck hat es, ein Mensch zu sein – und kein Baum? Wobei der Daseinszweck des Baumes mir als genauso hirngespinstig erscheint als der des Menschen. Wer hat sich das Ganze ausgedacht? Das muss ein Perverser gewesen sein. Aber nehmen wir einmal an, überhaupt niemand hat sich was dabei gedacht, warum sind wir dann hier? Warum ist nicht Nichts? Das wäre doch viel interessanter.

INA. Da hab ich andere Probleme. Ich glaube, dass mir zu helfen wäre, wenn ich es irgendwie hinkriegen würde, die Gedanken in meinem Kopf und die Gefühle in meinem Körper in Einklang zu bringen. Ich habe immer das Gefühl, dass sich meine Gedanken von mir weg, aus mir heraus bewegen oder andererseits in meinen Körper kriechen, jedenfalls einfach nicht dort bleiben, wo ich sie haben möchte. Dass mein Hirn sich von meinem Körper trennen möchte, dass ich dieses Gefühl habe, das ist glaube ich das, was die rasende, pochende, schlagende, zerstörerische, vergewaltigende Angst ausmacht. Die ist nie schlimm unter Menschen. Aber alleine im Zimmer. Da prallt die Angst von den Wänden ab und kommt als Echo zurück. Das ist der Wahnsinn. Wenn ich nur weglaufen könnte, rennen und nicht aufhören damit.

HORST. Vor dem Sterben hatte ich weit weniger Angst als vor dem Tot-Sein. Was ist, wenn die Christen Recht haben und es doch eine Hölle gibt, in der ich ewig schmore? Was ist, wenn die Buddhisten Recht haben und ich noch einmal auf die Welt komme – die ganze Scheiße nochmal? An den Gedanken, wie es ist, zwei Meter unter der Erde zu liegen, kann ich mich nicht gewöhnen. Auch Verbranntwerden in irgendeinem Krematorium kommt mir höllisch vor. Andererseits, wenn ich mir vorstelle, wie mein Körper unter der Erde vergammelt und wie die Maden sich langsam ins halbverweste Fleisch bohren, kommt mir das genauso infernalisch vor. Auch die Aussicht, nach zwanzig Jahren Ruhezeit wieder ausgegraben zu werden und mit meinen kläglichen Resten auf der Müllkippe oder gar im

Grab einer schon zu Lebzeiten verfaulten Großmutter zu landen, scheint mir ebenso wenig erstrebenswert. Was mir half, war der Gedanke, der Tod sei wie Noch-Nicht-Geboren-Sein. Ich stellte mir ein beliebiges Datum in der Vergangenheit vor. Wie fühltest du dich zum Beispiel an jenem Tag, als die Titanic in den eisigen Fluten versank oder Hitler sich im Bunker erschoss – zwei Tage vor deiner Geburt? Gut sagte ich mir, sehr gut. Und nach all den spinnerten Gedanken war das Öffnen der Pulsadern eine Angelegenheit ganz sachlicher Vernunft.

STEFAN. Das Einzige, was mir an mir selbst krankhaft vorkommt, ist die Sache mit den Frauen. Lange Zeit glaubte ich, ich käme damit durch. Verliebt und verschossen war ich eigentlich nie. Aber ich machte mich trotzdem an jeden Rock heran, wenn ich glaubte, er könnte mir durch die Nacht helfen. Besonders wenn ich auf Montage war, gab es gewisse Abende, die furchtbar waren, in den Hotelzimmern zwischen Bremerhaven und Pirmasens. Ihr wisst gar nicht, wie viele Hotels es in Deutschland gibt. Ihr liegt völlig falsch, wenn ihr glaubt, dass es um die Befriedigung von irgendwelchen Trieben ging. Sex war nur das Transportmittel, um mit anderen Körpern ins Gespräch zu kommen, um nicht allein zu sein, irgendwo zwischen Bremerhaven und Pirmasens. Fast könnte ich lachen über mein Drama.

ANDREA. Ich kann mich erinnern an eine Szene, als er mich besuchte. Er hatte irgendwas Bestimmendes an sich. Meine Mitbewohner waren gerade alle in meinem Zimmer versammelt. Ohne einen Ton zu sagen, verschwanden alle, als er den Raum betrat. Wir waren allein. Aber glücklich fühlte ich mich nicht in seiner Gegenwart. Etwas Geheimnisvolles ging von ihm aus, das mich abstieß, aber auch anzog. Eine Art Sog. Das die Menschheit keinen Pfifferling wert ist, darüber waren wir uns schnell einig geworden, das war die gemeinsame Einstellung. Ich hasste Partys, er genauso. Ich hasste Menschenansammlungen, er genauso, und ich hasste meine Eltern und er genauso die seinen. Zugegeben, etwas dünne Übereinstimmungen für eine Beziehung. Aber so war es. Zwei Verlorene, die sich gefunden hatten und sich vor dem Ertrinken retten wollten, obwohl sie den Halt schon längst verloren hatten und Kopf unter im Wasser trieben.

GEORG. Verrückt, dass ihr so viel von Kindheit sprecht. Ich komme hier drin auch immer wieder drauf. Die Schule fing um acht Uhr an. Meine Eltern arbeiteten aber beide, so musste ich bereits um halb sechs aufstehen. Und die Zeit bis halb acht irgendwie rumkriegen. Das dauerte eine halbe Ewigkeit. Ich saß dann ziemlich verschlafen und müde im Unterricht. Es dauerte ewig bis zur großen Pause. Dann gab es einen Becher Schulmilch für 50 Pfennig die Woche. Dazu aß ich das von zu Hause mitgebrachte Brot. Bis zum Schulschluss am Mittag dauerte es wieder eine halbe Ewigkeit. Die Freizeit, die ich meistens mit anderen Kindern draußen verbrachte, bis meine Eltern nach Hause kamen, die verging immer wie im Flug… Aber die Sommerferien wollten gar kein Ende mehr nehmen. Das war schön. Nach einer langen Woche blieben immer noch fünf übrig. Nach drei langen Wochen war erst Halbzeit, und es standen noch drei schöne Wochen bevor. Und heute? Ich sitze hier schon seit sechs Wochen. Und die Zeit rast nur so dahin. Ich habe überhaupt kein Gefühl mehr dafür. Ich laufe wie auf einem Fließband, als entzöge sich mir ständig der Boden. Unter meinen Sohlen spüre ich überhaupt keinen Widerstand mehr.

INA. Von meinen Gedanken her bin ich wohl das absolute Arschloch. Wenn ich das mal aus Sicht meiner Eltern sehe, ich glaube ich würde mich auch grün und blau ärgern über meine missratene Tochter. Auf der einen Seite denk ich, es geschieht ihnen recht, schließlich wollten sie mich immer in was reinbiegen. Sie hoffen ja immer noch, dass ich zur Vernunft komme und in ihre Firma eintrete. Da können sie lange warten. Ich spiel doch nicht jahrelang die Rebellin, gehe fast drauf dabei. Und komme am Ende angekrochen: „Tschuldigung, war alles nur ein Irrtum". Meine Gefühle sind aber ganz anders als meine Gedanken. Auf der anderen Seite gibt es so Momente, da könnte ich fast sagen, dass ich meine Eltern liebe. Ich meine, es sind meine Eltern. Wenn ich im Fernsehen was seh von irgendwelchen Bombenopfern und da sind Kinder dabei oder so, dann könnte ich fast flennen. Ich denke dann, was geht es dich an, was irgendwo am Arsch der Welt passiert... Bin ich jetzt das, was ich denke oder das, was ich fühle? Ich weiß es nicht. Ich sehe jeden morgen irgendetwas anderes im Spiegel.

HORST. Mir kommt es so vor, dass ich die Wirklichkeit

nur gefiltert wahrnehme und nicht wie sie wirklich ist, als gäbe es zwischen mir und der Welt eine Wand aus Glas. Und Kindheit, ja. Ich denke oft an meinen Vater. Er war ein begeisterter Hobbyfotograf. Er fotografierte alles in Schwarz-Weiß, was er wohl irgendwie für künstlerisch wertvoll gehalten hat, die Motive waren aber ganz normale Urlaubsbilder. Die Kamera war sein absolutes Heiligtum. Natürlich war meine Neugierde groß, und ich versuchte an das Ding heranzukommen, indem ich mehrere Stühle übereinander stellte und so den Schrank öffnen konnte, indem die Kamera war. Ich schnappte mir das Ding und spielte daran herum. Besonders gefallen hat mir das Teleobjektiv. Ich blieb verborgen im Hintergrund, konnte aber genau beobachten, wie sich die Nachbarin im Garten gegenüber nach vorne beugte, um das Unkraut zu jäten. Ich war so versunken in meine Tätigkeit, dass ich das Herannahen meines Vaters nicht bemerkte, der mir sogleich die Ohren lang zog, mir den Hintern versohlte und fürchterliche Schimpfworte dabei fallen ließ.

STEFAN. Was ich am meisten vermisse, ist das Autofahren. Das wäre genau die richtige Therapie. Selbst in depressivsten Zeiten haben ein paar Büchsen Bacardi/Cola und 100 km/h auf der Landstraße Wunder gewirkt, wenn auch nur für kurze Zeit, solange man halt am Steuer saß. Besonders gerne pflügte ich mich durch Feldwege abseits der Straße. Ich fuhr zwar keinen Geländewagen. Aber ich kam immer irgendwie durch. Das war auch der Kick, vielleicht mal von einem schießwütigen Förster gestellt zu werden. Aber ich wurde nie erwischt. Ein paar Blumenbeete mussten auch dran glauben… Ich glaube, wir haben alle den berühmten Wisch unterschrieben, wo es hieß, dass man aufs Fahren verzichtet. Klammer auf, weil wir euch hier mit lauter schönen Medikamenten vollstopfen, Klammer zu. Selbst wenn es erlaubt wäre, ich hab ja gar kein Auto mehr, nur noch einen Schrotthaufen. Da fällt mir der alte Spruch ein: Mein Leben steht vor einem Scherbenhaufen. Schon gut.

ANDREA. Wir beschnupperten uns eine ganze Weile. Wir kuschelten auf meinem Bett. Ich schälte ihn aus seinen Klamotten. Und zögerte. Ich ließ in bis zu meinem Slip vordringen, den behielt ich aber an. Die Angst, vor dem was geschah, regierte mich noch eine Weile. Alles, was ich tat, gehörte dem Reich des Verbotenen an. Und dem Reich, von dem ich mir alles versprach, aber in das ich im Grunde nicht eintreten wollte. Im Nachhinein verstehe ich mich selbst nicht. Plötzlich streifte ich den Slip ab. Er verstand die Aufforderung nicht. Ich musste es ihm erst laut und deutlich sagen, dass ich mit ihm schlafen will... Es war ein Trauerspiel. Er fand den Eingang nicht. Ich half ihm dabei. Einen Augenblick später war er fertig. Was er dann tat, hat mich unendlich verletzt. Er stand auf, zog seine Hose an. Und ging. Er ließ mich liegen, nass und erregt, wie ein Mörder seine Leiche liegen lässt. Ich liebte ihn, aber er mich nicht. Ich liebte ihn, aber er stieß mich weg, sobald er meinte, dass ich ihm zu nahe gekommen war. Ein paar Wochen später, stieg ich mit einem Mitbewohner ins Bett, den ich nicht liebte. Von da an hatte ich zwei Beziehungen, aber keine ganze.

GEORG. Ich bezweifle, dass unsere Rettung von der Psychiatrie kommen wird. Aber sie naht. Ich hab's in einer alten Zeitung auf dem Flur gelesen. Die Chirurgie macht unglaubliche Fortschritte. Da war so ein moderner Dr. Frankenstein abgebildet, der das genau erklärt hat, wie das laufen wird. Wenn Du alt und klapprig wirst, wird dein Gehirn aus- und in einen jüngeren Körper eingebaut. Die Todesangst fällt weg. Es kommt kein jüngstes Gericht, sondern gleich das ewige Leben. Woher die frischen Körper kommen sollen, hat er allerdings nicht gesagt. Mich hat die Idee sofort überzeugt. Ich habe mich schon immer gefragt, warum ich so wenig gelernt habe im Leben. Wohlan, hier kommt die zweite Chance. Ich meine, mir kann das ja wurscht sein, weil ich an dieser Welt eigentlich nicht mehr interessiert bin. Aber hier sitzen ja noch drei jüngere Kandidaten am Tisch, wer weiß. Die einen wollen sich umbringen, die andern ewig leben. Vielleicht wollen sie in Wirklichkeit dasselbe?

INA. Wenn ich hier rauskomme, gehe ich zu meinen Eltern. Aber nicht um große Reden zu führen. Sondern die Dinge einzupacken, die mir am wichtigsten sind. Dann haue ich ab nach Berlin. Die Schwester einer Freundin wohnt dort. Die wird mich schon unter ihre Fittiche nehmen. Ich will einen stinknormalen Beruf lernen. Arzthelferin oder Reiseverkehrsfrau, mir wird schon noch was einfallen. Raus hier, einfach aus allem raus. Unabhängig von den ganzen Menschen, die immer etwas an einem rumzukritisieren haben. Mein eigenes Geld verdienen, nicht mehr finanziell abhängig sein. Und Angst haben müssen, dass einem der Hahn wegen irgendwas zugedreht wird. Einmal im Jahr ist ein Urlaub am Meer angesagt, in der Sonne. Meine Ansprüche werden jeden Tag kleiner. Wer weiß, vielleicht treffe ich noch irgendwo einen stinknormalen Mann, der mich nicht kontrollieren und einsperren will. Mit dem würd ich dann eine stinknormale Familie gründen. Aber das hat ja noch Zeit, o Gott.

HORST. Wenn ich hier über die langen kahlen Flure schlurfe, fühl ich mich besser als daheim. Die hohen Decken. Ich komme mir vor als würde ich zu Hause in einer Schuhschachtel wohnen. Als wäre ich in der Enge daheim. Vielleicht sollte ich doch wieder öfters nach draußen gehen. Vielleicht suche ich mir ein Hobby. Vielleicht sollte ich einem Verein beitreten. Ganz sicher will ich eine Reise machen. Und zwar ohne meinen Photoapparat. Ich fahre überall dorthin, wo ich schon mal war. Und schaue mir die Dinge an, wie sie wirklich sind. Und nicht hinterher auf Bildern. Ich schaue mir die

Touristen an, wie sie mit ihren klickenden Photoapparaten über alles hinwegstapfen, ohne wirklich etwas wahrzunehmen. Es hat was Tragisches, wenn der Photograph sein Geschütz vor sein Gesicht hält und abdrückt. Alles in seinem Kopf ist auf einen bestimmten Punkt in der Landschaft fixiert. Er will ein möglichst genaues Abbild der Wirklichkeit, die in diesem Moment überall um ihn herum stattfindet, nur nicht in der Richtung, in die er blickt.

STEFAN. Wenn ich rauskomme, werde ich zu irgendeinem Kumpel gehen, der noch nicht weiß, dass ich keinen Führerschein mehr habe. Und mir sein Auto ausleihen. Ich will mal wieder mit 180 über die Autobahn fliegen. Nachts macht es am meisten Spaß, wenn wenig Verkehr ist. Man legt eine gute Scheibe auf. Der Soundtrack ist fast das wichtigste dabei. Es muss einfache laute Rockmusik sein. Es muss aus den Boxen böllern. Gib ihm Saures. Der ganze Dreck fällt von einem ab. Das Leben kann so einfach sein. Wenn man nicht so sehr danach fragt. Wir haben nur eine Saison. Die Leute auf dem Rummel, packen ihr Fahrgeschäft zusammen und ziehen weiter in eine andre

Stadt. Während ihr euch fragt, was das Leben ist, saust es mit 180 Sachen an euch vorbei.

ANDREA. Ich hatte einen Mann, den ich liebte, aber der mich offensichtlich nicht liebte. Ich hatte einen anderen Mann, der mich offensichtlich liebte, aber den ich nicht liebte. Bevor ich zum ersten Mal mit ihm schlief, brauchte ich eine halbe Flasche Wein. Ich hatte eine Wette verloren. Wir wetteten, dass der Fernsehstar Sowieso in der und der Serie mitspielt. Ich hielt dagegen. Und verlor. Als er mich nach meinem Wetteinsatz fragte, dachte ich: scheiße. Er war verrückt nach mir, ich ließ ihn machen. Ich hielt es schließlich nicht mehr aus. Und beichtete dem anderen, was ich mit dem einen machte. Er drehte total durch. Von einem gemeinsamen Bekannten hörte ich, er sei schreiend zwei Tage lang durch den Wald gelaufen. Mehreren Leuten hatte er gesagt, dass er sich umbringen werde. Ich musste ihm also doch irgendwas bedeutet haben. Sonst hätte er nicht so reagiert. Ich hatte Angst, dass er sich tatsächlich umbringen würde. Ich rief seine Hausärztin an und informierte sie. Die wollte gar nichts von der Sache wissen. Sagte, dass er sich schon melden würde, wenn es ihm schlecht ginge. Ich habe ihn nie wieder gesehen. Er lebt jetzt, so viel ich weiß, irgendwo in Süddeutschland. Ich fühlte mich schuldig. Und beendete die Beziehung zu meinem Mitbewohner. Der fuhr am nächsten Tag zu einem Studentenaustausch seiner Physikfakultät nach Italien. Drei Wochen später tauchten seine Eltern bei uns in der Wohnung auf. Und räumten sein Zimmer aus. Er hatte sich in Italien vor einen Zug geworfen. Die Eltern wollten wissen, ob wir eine Erklärung hätten. Die andern sagten, sie hätten keine. Ich schwieg.